MÉMOIRE
POUR
LA VÉRIFICATION
DES
RELIQUES PRÉTENDUES
DE S. GERMAIN,
EVÊQUE D'AUXERRE,

MÉMOIRE
POUR
LA VÉRIFICATION
DES
RELIQUES PRÉTENDUES
DE S. GERMAIN,
EVÊQUE D'AUXERRE,

Trouvées en 1717 dans l'Abbaye de Saint
MARIEN d'Auxerre.

A PARIS,

De l'Imprimerie de la Veuve LOTTIN, rue
S. Jacques, à la Vérité.

―――――――――

M. DCC. LIV.
Avec Approbation & Privilége du Rei.

MÉMOIRE
POUR
LA VÉRIFICATION

DES RELIQUES PRÉTENDUES de S. Germain, *Evêque d'Auxerre, trouvées en* 1717 *dans l'Abbaye de Saint* Marien *d'Auxerre.*

N se propose d'examiner dans ce Mémoire quel a été le sort des Reliques du grand Saint Germain, Évêque d'Auxerre, lors du pillage de cette Ville par les Huguenots, & quelle foi on peut ajouter à une prétendue découverte de ces mêmes Reliques en 1717.

Pour cela on rapporte historiquement tout ce qui peut avoir trait à ces saintes Reliques, depuis la mort de S. Germain en 448, jusqu'à l'année 1567, époque déplorable du ravage de l'Eglise qui porte son nom. Ce récit est nécessaire à cause des conséquences & des inductions qui résultent des faits que l'on raportera.

A

On discute ensuite les différentes opinions sur ce qui arriva à ces Reliques en 1567 : si elles ont été brûlées : si elles ont été transportées avec la Châsse dans la maison d'un Protestant, à six lieues d'Auxerre : ou si elles ont été jettées par les Huguenots sur le pavé de l'Eglise, & recueillies, comme tant d'autres, par les Fidéles.

Enfin, après la relation de la nouvelle découverte, & l'extrait de la Procédure faite à ce sujet, on réduit à six Propositions fort simples tout ce qui se peut dire en faveur de cette découverte, & on répond aux objections & aux difficultés qui y ont été opposées.

Peut-on s'occuper d'un objet plus intéressant pour la piété, plus digne de l'attention des personnes religieuses & éclairées ? Il s'agit des dépouilles précieuses d'un Saint, l'un des plus grands ornemens de l'Eglise de France, qui a été en même-tems, & une preuve si sensible, & un si grand défenseur de la Grace toute puissante de Jesus-Christ, & dont la sainteté a été signalée par tant de merveilles, soit pendant sa vie, soit après sa mort ; qui étant en Italie, où son infatigable charité l'avoit conduit, & près de rendre à Dieu son ame sainte, demanda que son corps fût porté à Auxerre, & rendu à son cher troupeau, qu'il n'avoit quitté qu'à regret.

Quelle consolation pour la ville d'Auxerre, qui, quoique très-distinguée par les Reliques d'un grand nombre de Saints qu'elle a le bonheur de posséder, regardoit celles de S. Germain comme sa principale sauvegarde, & comme un gage en quelque sorte plus certain de la protection de Dieu, si elle venoit à recouvrer le riche trésor dont elle pleure encore la perte ? Ce seroit une joie pour toute l'Eglise. Qui de ses enfans pourroit y être indifférent ?

Pendant que le Commissaire nommé par M. l'Evêque d'Auxerre, travailloit à la Procédure de vérification de ces Reliques, il a paru un Ecrit imprimé sous ce titre : *Lettres Critiques, dans lesquelles on fait voir le peu de solidité des preuves aportées par ceux qui poursuivent la Vérification des prétendues Reliques de Saint Germain, Evêque d'Auxerre.* 1752. Ces Lettres au nombre de six, contiennent tout ce qu'une imagination féconde peut enfanter contre la vérité des Reliques dont il s'agit : il y a aussi beaucoup de personnel. Elles ont été vivement réfutées par d'autres Lettres aussi imprimées. Nous discuterons les raisonnemens des six Lettres Critiques, à la fin de ce Mémoire. Mais nous en mettrons tout le personnel à l'écart, *pour ne pas paroître nous battre comme des enfans*, suivant l'expression de S. Jerôme (a), *& fournir à nos amis, ou à nos ennemis, la matiere d'une dispute interminable.*

Cherchons la vérité dans un esprit de paix & de charité, dans cet esprit qui a toujours animé le grand Saint dont les précieuses Reliques sont l'objet de nos recherches. Il est si naturel, surtout à Auxerre, de désirer avec ardeur la vérification des Reliques d'un Saint, que nous regardons comme notre illustre Patron, notre protecteur, notre Ange tutélaire. Mais il ne faut pas que ce désir dégénere en préjugé qui nous aveugle. C'est la piété qui fait naître ce désir ; la piété doit être fondée sur la vérité. Il ne faut pas non plus tomber dans un excès opposé, en adoptant tout ce qu'une Critique outrée & dédaigneuse peut suggérer pour combattre des faits avérés & constatés. On ne doit point exiger ici

___
(a) HIERON. *apud Aug. Epist.* 72, *aliàs* 14. Ne videamur certare pueriliter, & fautoribus invicem, vel detractoribus nostris tribuere materiam contendendi.

Mémoire sur les Reliques prétendues de ces preuves métaphysiques, ou géométriques, qui forment une démonstration en rigueur. S'agissant de faits, on n'a besoin que de preuves d'une certitude morale, capables de convaincre tout esprit équitable & judicieux. On est, graces à Dieu, infiniment éloigné de vouloir exposer des Reliques incertaines ou douteuses, à la vénération des Fidéles. Nous ne sommes plus dans ces tems d'ignorance, où une superstitieuse crédulité adoptoit facilement ce qu'un vil intérêt, ou la pente pour le merveilleux, faisoit imaginer. On ne peut à présent être même soupçonné de donner dans ces sortes d'excès. Mais aussi à Dieu ne plaise que par déférence pour de vains scrupules, pour des raisonnemens, ou des conjectures contre des faits subsistans, on prive les précieuses Reliques d'un grand Saint, de l'honneur & du culte qui leur est dû, & que les Fidéles sont disposés à leur rendre.

ARTICLE PREMIER.

Le Corps de S. Germain a été conservé sain & entier depuis sa mort en l'année 448, jusqu'en 1050.

Saint Germain, Evêque d'Auxerre, mourut le 31 Juillet 448, à Ravennes, où il étoit allé pour implorer la clémence de l'Empereur Valentinien III, en faveur des peuples de l'Armorique, qui s'étoient révoltés. Avant sa mort il demanda que son corps fût porté à Auxerre, ce qui fut accordé à ses instances. « Acholius, Grand Chambellan de l'Empereur, fit embaumer le corps du Saint. L'Impératrice Placidie fournit les ornemens dont il fut revêtu, & on l'enferma dans un cercueil de Cyprès. Le transport de Ravennes à Auxerre

<small>Const. Vit. S. Germ. apud Bolland. tom. 7, mens. Jul. pag. 220.</small>

» se fit avec grande pompe & appareil, aux
» frais de l'Empereur, qui l'avoit lui-même
» ordonné (*a*) ». Arrivé à Auxerre le 22 Septembre, il fut exposé dans l'Eglise Cathédrale, à la vue & à la vénération d'un concours prodigieux de Fidéles qui y venoient de toutes parts, jusqu'au premier d'Octobre, qu'il fut porté dans la petite Eglise qu'il avoit bâtie sous l'invocation de Saint Maurice, & dans laquelle il avoit voulu être inhumé. On le mit avec le cercueil de Cyprès, dans un tombeau de pierre.

Sainte Clotilde, après la mort de Clovis, fit élever sur le tombeau de Saint Germain, une grande Eglise, qui depuis a porté le nom de ce Saint.

Heric. de Mirac S. Germ. L. I Cap. 4. apud Boll. ibid.

Le corps de S. Germain demeura dans l'endroit où il avoit été mis en 448, jusqu'en 841, que son tombeau fut ouvert le 28 Août, en présence de Charles le Chauve, & de Louis le Germanique son frere. Le saint corps & les habits dont il avoit été revêtu, furent trouvés, au rapport du vénérable Héric, Auteur contemporain & Moine de saint Germain, aussi sains & entiers, que lorsqu'ils avoient été mis dans le tombeau. (*b*).

Idem. L. 2. Cap. 2.

Lors de cette premiere ouverture du tombeau de saint Germain, son corps fut transféré dans un autre endroit de son Eglise, où il reposa jusqu'au 6 Janvier 859, que Charles le Chauve se préparant à la guerre contre son

---

(*a*) Acholius. *Regalis Cubiculi Præfectus, corpus aromatum constrictione solidavit; Regina vestivit: expensis & evectionibus iter instituit Imperator.*

(*b*) *Cum omni cultu vestium integrum, intemeratum, atque omni incorruptionis genere speciosum apparuit, ut cuilibet ignaro rerum facilè persuaderi potuerit recens defunctum, recens tumulo abditum, recentibus indumentorum apparatibus circumseptum.*

frere Louis le Germanique, vint une seconde fois au tombeau du Saint, qu'il fit ouvrir en présence de plusieurs Evêques. « Il vit avec » beaucoup de vénération ce corps précieux » dans le même état d'incorruption qu'il l'avoit » trouvé 18 ans auparavant. Il le fit couvrir de » riches étoffes, parfaitement bien travaillées ; & » pour laisser un monument de la bonne odeur » de sa foi, il mit dans le cerceuil une grande » quantité de baume & de parfums d'un grand » prix, dont il fit une offrande à Dieu, qui » exauce les prieres qu'on lui adresse par l'in- » tercession de saint Germain, & plaça ce » trésor incomparable dans l'endroit même où il » est actuellement honoré » (a). C'est-à-dire,

Heric seMi-rac. S. Germ. L. 2. Cap. 2.

dans les Gryptes, ou Grotes de l'Eglise, qui venoient d'être achevées par les largesses de Conrad Comte de Paris.

Idem.

Mais peu de tems après il en fut tiré, & mis dans une Châsse couverte d'or & de pierreries, que fit faire Lothaire, fils de Charles le Chauve, qui avoit été élevé à S. Germain.

Vers l'an 920, pour préserver ce précieux trésor de la fureur des Normands, qui ravageoient les environs d'Auxerre, on creusa dessous le tombeau du Saint un caveau profond, où l'on descendit le premier tombeau, dans lequel le Saint avoit été mis d'abord ; & dans ce tombeau ou sépulcre, on enferma la Châsse. Lorsqu'on eut bien maçonné la surface de ce sépulcre, on posa dessus un autre tombeau, où on enferma

___

(a) Rex Carolus sepulcrum aperuit, membra preciosissima perinde, ut pridem supplicibus oculis conspicatus, congruo honore veneratus est.... Post hæc corpus venerabile operosis denuò palliis ambivit, gratum præterea suæ odorem fidei, multâ balsami, multâ thimiamatis impensâ, per beatum Germanum respicienti omnia porrigens conditori, thesaurum incomparabilem eo loci, quo nunc excolitur, transpositum collocavit.

des morceaux du cerceuil de Cyprès, dans lequel le corps du Saint avoit été apporté de Ravennes. C'est ce que nous apprend un Martyrologe, transcrit pour l'Abbaye de Corbie, par le Moine Nevelon, qui avoit demeuré à saint Germain d'Auxerre, vers le commencement du onziéme siécle (*a*).

Quand on fut délivré de la crainte des Normands, la Châsse de saint Germain fut tirée du caveau, & exposée à la vénération des fidéles. En 930, la Reine Emme, épouse du Roi Raoul, vint à Auxerre pour obtenir par les prieres de saint Germain, la guérison d'une infirmité, dont elle étoit affligée. Elle attacha à la Châsse du Saint ses deux riches & magnifiques colliers, qui avoient été travaillées par saint Eloi.

Appendix. 1. ad Mirac. S. Germ. n°. 9. apud Boll. pag. 267.

Le Roi Robert tint en 1015 à Airy près Auxerre, une Assemblée, composée d'Evêques & de Grands de son Royaume. Il y fit apporter les Reliques de plusieurs Saints de différens Diocèses. L'Evêque d'Auxerre, Hugues de Châlons, fut invité d'y apporter celles de S. Germain; mais il répondit: » A Dieu ne plaise que » les os de cet homme incomparable soient ja- »mais remués sous quelque prétexte que ce puisse » être. L'Assemblée applaudit à sa réponse (*b*) ».

Hist. Episc. Autiss. cap. 79.

Roberti Autiss. Monachi. Chronol.

(*a*) Terribili Paganorum (Normannorum) infestatione metum concutiente, dicti Confessoris sepu'crum, altiùs humi profunditate defossâ, tenacissimi cæmenti glutine terræ venis est firmissimè insitum, ac super illud alius est locatus sarcophagus, quo fragmina cypressini loculi, in quo à Ravennis olim directum est, continentur.

(*b*) Cùm quidam peterent ut gloriossimi Germani corpus illùc deferretur, respondit Hugo: Absit ut ossa incomparabilis viri pro quacumque re aliquando commoveantur, quod cæteri audientes gratanter consenserunt.

A iv

ARTICLE II.

Distractions faites de quelques portions du corps de saint Germain.

EN 1050, un Moine Sacristain de l'Abbaye de saint Germain, ayant ouvert la Châsse de sa propre autorité, en détacha le doigt du milieu de la main droite. Le corps du Saint étoit alors entier & sans corruption : *Incorruptum & integrum.* Ce doigt étoit si sain, qu'on pouvoit le lever par le moyen du poil qui lui restoit. Il fut exposé sur le Maître-Autel dans une boëte d'ivoire, & ensuite transporté en Angleterre à Seleby, où fut fondé à cette occasion un Monastére.

Labb. Biblio. Mss. Tom. I. p. 556.
Præf. hist. sele. apud Bolland.

Pour empêcher à l'avenir un pareil attentat, on mit la Châsse dans un lieu muré, fermé par une porte de fer ; ensorte qu'on ne pouvoit la voir, ni en approcher, sans le consentement de plusieurs ; ce qui signifie qu'il y avoit à cette porte plusieurs serrures à différentes clefs, qui étoient gardées par autant de Religieux (*a*).

Ibid. n. 7.

Il est cependant à présumer, que malgré ces précautions, la Châsse fut souvent ouverte, pour satisfaire la piété des Fidéles de toutes conditions, qui venoient de toutes parts au tombeau de ce grand Saint, & que ces fréquentes ouvertures occasionnérent le dessechement des chairs, qui se réduisirent en poussiére.

(*a*) Communi Fratrum consilio corpus Præsulis sic aptatur, ut sine plurium consensu nec aspici valeat, nec adiri. Circumcluditur siquidem forti muro Sarcophagus, uno tantum ostio ferreo admittente accessum ad requiescentis honorem.

Il se fit même quelques distractions d'ossemens, quoique peu considérables, à la réserve de la tête, que Degrefeuille dans son histoire de Montpellier, dit avoir été accordée au Pape Urbain V.

Hist. Eccles. de Monp. pag. 120.

La preuve de quelques distractions du corps de saint Germain, faites dans le douziéme siécle, se tire de ce que rapporte Guy de Munois dans la vie de Hugues de Montaigû Evêque d'Auxerre. Il dit que cet Evêque étant Abbé de saint Germain, fit démolir vers l'an 1104, le grand Autel de l'Eglise, & qu'on y trouva un coffre de pierre, dans lequel étoient renfermées des Reliques de saint Germain.

Gest. Abb. S. Germ. Labb. Bibl. Mss. Tom. I. pag. 576.

C'est apparemment la même chose que l'Abbé Joceval trouva en 1277, lors de la démolition de ce même Autel; sçavoir, un coffre de pierre entouré de fer, dans lequel étoient un petit os, *ossiculum*, du corps de saint Germain; un morceau de la même étoffe que celle du suaire, qui alors étoit gardé dans le trésor de l'Abbaye; plusieurs morceaux de vêtemens, ou ornemens, tant de soye que de laine; des morceaux de bois, que l'on crut être du cerceuil dans lequel le corps du Saint avoit été apporté de Ravennes; quantité de cendres de son corps, avec un dénier de la monnoye d'Auxerre. L'Abbé Joceval fit porter toutes ces Reliques dans le trésor de son Eglise.

Ibid. p. 589.

Les Bollandistes ont tiré de ces faits la même conséquence. Ils disent, « que ce fut alors, » (dans le douziéme siécle) que le corps de S. » Germain, qui jusqu'au milieu du onziéme sié- » cle s'étoit conservé sain & entier, commença » à se dissoudre; & même que l'on tira de la » Châsse quelques parcelles, & qu'on en trans- » porta ailleurs, puisque ce petit ossement &

Vit. S. Germ. n. 24. p. 189.

» ces cendres étoient du corps de saint Ger-
» main. »

La découverte de ce petit os & des cendres sous le Maître-Autel ; l'histoire de l'enlévement du doigt du milieu de la main droite du Saint, & de sa translation à Seleby, sont en effet les seuls monumens qui soient parvenus jusqu'à nous des distractions du corps de saint Germain ; ce qui prouve que ces distractions ont été très-peu considérables jusqu'au milieu du quatorziéme siécle. Les Bollandistes disent qu'il y a eu des *parcelles* du corps de saint Germain *transportées ailleurs* ; mais ce ne peut être que par une conjecture fondée sur les prétentions de différentes Eglises, qui croient avoir des Reliques de notre Saint, dont cependant elles ne représentent point d'autentiques, & dont on ne trouve ni mémoire, ni monument dans l'Abbaye. C'est ce que nous examinerons dans son lieu.

Archiv. de la Ville & de l'Ab. de S.Ger.

En 1359, les habitans d'Auxerre ayant été obligés, pour se délivrer des Anglois, de composer avec eux pour la somme de cinquante mille florins ; & n'ayant ni argent, ni assurances à donner, ils eurent recours aux Religieux de saint Germain, qui leur donnerent les deux frontaux de la Chasse de notre Saint, qui étoient d'or, ornés de pierreries, & quelques Reliquaires. Les Reliques ne furent point déplacées ; & cinq ou six ans après, le tout fut rendu au Monastére par l'entremise du Pape Urbain V. qui avoit été Abbé de saint Germain, & qui conserva toujours une si grande vénération pour ce Saint, qu'il fit bâtir à Montpellier une Eglise & un Monastére sous son nom. Ces édifices furent commencés dans le mois d'Octobre 1364. On y travailla avec tant de diligence qu'ils furent en état de recevoir Urbain V. qui y conſacra le Maître-Autel & deux autres Autels, le 14 Février 1367, & y plaça une précieuſe Relique de la tête de ſaint Germain, qui faiſoit partie des préſens que l'Abbé de Mont-Majour avoit apportés à Montpellier, de la part de ce Pape, le 29 Juillet 1366.

Degrefeuille, Hiſt. Eccl. de Mont. p. 119. 20.

Depuis cette derniere époque, on ne trouve rien aujet de la Châſſe de S. Germain, ſinon qu'elle fut portée le 21 Mai 1544, à une Proceſſion générale pour obtenir de la pluye, à une autre Proceſſion pour le même ſujet, le jour de S. Barthelemi 1545; & à une Proceſſion qui ſe fit le 5 Septembre 1557, pour demander à Dieu la paix & la tranquillité du Royaume.

Regiſt. du Chap. d'Aux.

ARTICLE III.

L'Egliſe de ſaint Germain pillée par les Huguenots. Les ſaintes Reliques tirées des Châſſes, prophanées & jettées ſur le pavé de l'Egliſe.

LEs prieres que l'on fit dans le Royaume, & en particulier à Auxerre, pour obtenir la paix de l'Egliſe & la tranquillité de l'Etat, ne furent point exaucées. Les troubles & les guerres continuerent par un juſte & terrible jugement de Dieu; & dix ans après la Proceſſion générale dont nous venons de parler, le 27 Septembre 1567, la Ville d'Auxerre fut ſurpriſe par les Huguenots, qui y commirent, ſur-tout dans les Egliſes & les Monaſtéres, toute ſorte d'excès, de brigandages & de ſacriléges. On voit dans l'hiſtoire de ce triſte événement par M. Lebeuf, les précautions que prirent les Proteſtans, pour que rien ne leur échappât au pillage de l'Egliſe de ſaint Germain, qu'ils ſçavoient être plus riche que toutes les autres, par les dons précieux, que les Rois, les Princes & tant d'autres personnes avoient offerts au tombeau du Saint, rendu si glorieux par les miracles que Dieu y avoit opérés. Le Monastére, le Trésor & l'Eglise furent saccagés & pillés; les Châsses au nombre de six, & spécialement celle de saint Germain, furent profanées & pillées, & les saintes Reliques jettées sur le pavé de l'Eglise & foulées aux pieds.

Comme le but de ce Mémoire est d'examiner quel fut le sort des Reliques de saint Germain, on se bornera à cet objet important. La voie la plus simple & la plus naturelle pour découvrir la vérité, c'est de rapporter les différentes opinions qui se contredisent, d'exposer les moyens sur lesquels on les appuie : & après avoir réfuté celles qui sont fausses, établir la seule véritable & la prouver.

Ces différentes opinions peuvent se réduire à quatre. La premiere est celle de Dom Viole & de Dom Fournier Bénédictins, qui prétendent que les Reliques de saint Germain furent brûlées par les Huguenots.

La seconde est de ceux qui veulent que la Châsse & les Reliques de saint Germain, furent transportées dans la Maison, ou Château d'un Officier Protestant, où elles furent enfouies en terre, sans que depuis on ait pû les découvrir.

La troisiéme soutient, que les Reliques de saint Germain furent jettées, comme celles des autres Châsses, sur le pavé de l'Eglise, & foulées aux pieds par les Huguenots, sans qu'on puisse sçavoir ce qu'elles sont devenues ; à moins que ces Reliques, ramassées sur le pavé par des Fidéles n'aient été confondues avec d'autres, qui furent rapportées après le pillage, & enfermées dans un pilier des Grotes de l'Eglise.

Enfin la quatriéme opinion est de ceux qui prétendent, que les Reliques de saint Germain, jettées sur le pavé, furent recueillies par des Fidéles : qu'elles ont été conservées sans être confondues avec d'autres, & découvertes depuis quelques années. Examinons ces différentes opinions.

ARTICLE IV.

Opinion de Dom Viole & de Dom Fournier, Benédictins. Les Reliques de saint Germain brûlées par les Hérétiques.

DOm George Viole, natif de Chartres, fit profession dans la Congrégation de S. Maur en 1623. Il acquit bientôt l'estime & la confiance de ses Supérieurs, puisque cinq ans après sa profession, il fut Prieur de la célébre Abbaye de saint Benoît sur Loire, puis de saint Germain d'Auxerre & d'autres Maisons. En 1642, il renonça à tout emploi, & il fixa sa demeure dans l'Abbaye de saint Germain d'Auxerre jusqu'à sa mort, qui arriva en 1669. Il consacra tout cet intervale de tems à recueillir des Mémoires pour l'histoire de la Ville d'Auxerre. En 1656, il fit imprimer un Livre intitulé : *La Vie, les Vertus & les Miracles du grand saint Germain, Evêque d'Auxerre.*

C'est dans cet ouvrage qu'il avança, que les Reliques de S. Germain furent brûlées par les Huguenots. Il est bon de rapporter ses propres paroles. » L'année 1567, fut entierement funeste à la Ville d'Auxerre & à l'Abbaye » de saint Germain...... Les Calvinistes s'étant rendus maîtres de la Ville... foulerent

pag. 211.

» aux pieds les Corps des Saints mis à nuds, &
» les traînerent dans les cloaques & dans la
» bouë parmi les rues.... Le corps du glorieux
» saint Germain fut prophané par les mains de
» ces détestables sacriléges, à la vue des pau-
» vres Catholiques, dont plusieurs en mouru-
» rent de regret. Quelques-uns pourtant ont
» voulu dire, que les Huguenots étant forcés par
» une vertu divine, n'oserent rien attenter à l'en-
» contre de ce corps vénérable.... & que se
» contentant du pillage de l'or & des pierreries
» de sa Châsse, ils rapporterent les os sacrés
» dans l'Eglise; de sorte qu'ils seroient encore,
» à ce compte, parmi une multitude d'autres
» qui furent ramassés secrettement par les Ca-
» tholiques, & qui sont conservés dans le Tré-
» sor; mais il y a des conjectures & beaucoup
» de vraisemblance qu'ils furent réduits en cen-
» dres dans la maison d'un particulier. »

On ne sçait ce que veut dire Dom Viole, par ces corps des Saints mis à nuds & traînés dans la boue. Ces paroles porteroient à croire que les Calvinistes exhumerent des corps nouvellement mis en terre, qu'ils traînerent dans les rues. C'est de quoi on ne voit aucun vestige dans les monumens qui nous sont restés de la prise d'Auxerre.

Le même Auteur dans son Histoire manuscrite des Abbés de saint Germain, qu'on croit postérieure à l'édition de la Vie de ce Saint, ne parle plus de conjectures & de vraisemblance; mais il assure positivement, que le corps de S. Germain fut brûlé par les Calvinistes. « Ce
» qui est, dit-il, le comble de l'impiété, c'est
» qu'ils oserent brûler les ossemens de S. Ger-
» main, après les avoir tirés de leur Châsse;
» au lieu que pour les autres Reliques, ils se

« contenterent de les prophaner, en les fou-
» lant aux pieds, & les difperfant ç'a & là. »

On trouve même, que dès l'année 1634, les vénérables Prieur (Dom. Viole lui-même) & Moines de l'Abbaye de faint Germain,) c'étoit des Religieux de la réforme nouvellement introduits dans cette Abbaye) voulant être maintenus dans la poffeffion de leurs biens, *attendu que les bâtimens & titres de ladite Maifon avoient été déripés par les Huguenots*, expoferent dans une Requête, que la Châffe & les Reliques de faint Germain avoient été brûlés lors de la prife de la Ville.

Enfin en 1668, qui étoit l'année féculaire de la délivrance de la Ville, & à l'occafion de la Proceffion générale qui fut faite, comme elle fe fait encore de nos jours, en actions de graces, Dom Viole répandit dans le public une Relation manufcrite de la prife d'Auxerre, dans laquelle il affure, que le corps de faint Germain avoit été brûlé.

Ce témoignage ne pouvoit être plus clair, plus pofitif & plus foutenu. Mais ce n'eft que le témoignage d'un feul, qui parle de chofes qu'il n'a point vues. Sur quoi peut-il être fondé ? Dom Viole ne cite en fa faveur aucun témoin, ni mort, ni vivant. Il ne produit, ni écrit, ni relation, ni tradition fubfiftante. Il convient au contraire qu'il y en avoit une toute oppofée à fon fentiment. *Quelques-uns*, dit-il, *ont pourtant voulu dire, que les Huguenots rapporterent les os facrés dans l'Eglife*. Voilà ce qui fe difoit à Auxerre avant Dom Viole & de fon tems.

Qu'eft-ce que ce Religieux oppofe à cette efpéce de tradition ? *des conjectures*, de prétendues *vraifemblances*. Quelles font ces conjectures, fur quoi sont fondées ces vraisemblances ? L'Auteur n'en dit pas un mot, ce qui fait dire aux Bollandistes que : « On est en droit de les avoir

§ 2. *n*. 17. *p*. 187.
» pour douteuses & suspectes, puisqu'il n'en » paroît, ni trace, ni vestige avant l'année » 1634, (*a*) » qui est celle où la Requête de Dom Viole a été présentée.

Ces conjectures sont non-seulement destituées de tout fondement, mais encore combattues par des monumens & des actes autentiques.

Le premier acte qui se présente, nous est fourni par Dom Pierre Pesseliere, Prieur de S. Germain depuis 1544, jusqu'en 1597, qui l'étoit par conséquent lors de la prise d'Auxerre. C'est lui qui le premier a publié la Vie de S. Germain, composée en vers par Heric. Voici

Addit. ad gest. Abb. S. Germ.
comment il rapporte ce qui se passa. (*b*) « En » l'année 1567, les Huguenots s'emparerent par » surprise de la Ville d'Auxerre. Ainsi le Mo- » nastére de saint Germain, comme plusieurs » autres Eglises de la même Ville, fut saccagé » & détruit. Ils en enleverent les bois, les tui- » les, le fer, le plomb, les vitres, les cloches, » après avoir commencé par piller les Chasses » & les Reliques des Saints, & spécialement » de notre très-saint Pere saint Germain. Ils » prirent aussi les ornemens d'Eglise, les livres, » les papiers, les titres & généralement tous les » effets de la maison. »

(*a*) Utinam conjecturas illas verbo saltem uno exposuisset (Viole). Jam enim revocantur in dubium, cùm ante annum Christi 1634 vestigium earum nullum appareat. *Boll.*

(*b*) Anno 1567 Civitas Autissiodorensis ab Hugonoitis intercepta & capta est; ideoque Monasterium Sancti Germani, cum pluribus aliis Ecclesiis ejusdem civitatis, dirutum & eversum; & omni ligno, tegulâ, ferro, plumbo, vitro, campanis, spoliatis; direptis primò sacro-sanctis, tum Sanctissimi Patris Divi Germani, tum aliorum Sanctorum Capsulis & Reliquiis; nec non & ornamentis Ecclesiasticis, libris, chartis, titulis, coeteráque totius domûs supellectile.

de Saint Germain d'Auxerre.

Dans un détail si bien circonstancié des excès auxquels se porterent les Hérétiques dans le pillage de l'Eglise & du Monastère de saint Germain, ce Religieux auroit-il oublié un fait aussi frappant, aussi affreux, aussi récent, que celui des Reliques de saint Germain réduites en cendres? C'est ce qui ne peut s'imaginer, & d'autant moins qu'il fait une mention expresse des Reliques de ce Saint.

L'Auteur des Lettres critiques prétend infirmer cette preuve, en disant que ce mot, *Diripere*, signifie *brûler*, consumer par les flammes. C'est sans doute pour pouvoir dire, comme il s'en glorifie, qu'il a répondu à tout. Mais ne vaudroit-il pas mieux ne point répondre, que d'entreprendre de changer la signification des termes? Dom Pesselliere emploie toutes les expressions par lesquelles on peut décrire le pillage, le ravage d'une maison & d'une Eglise. *Dirutum, eversam; spoliatis, direptis.* S'il y avoit eu incendie, n'auroit-il pas trouvé le terme qui l'exprime? Ce qu'il y a de singulier, c'est que l'Auteur, qui avoit sous les yeux le texte de Dom Pesselliere, puisqu'il le transcrit, n'a pas remarqué que ce Religieux, sous le terme *direptis*, comprend toutes les Châsses & les Reliques de l'Eglise de saint Germain. Celles de tous les autres Saints ne furent point brûlées; cela est incontestable: comment donc se peut-il faire que le même mot & dans la même phrase, aura pour les Reliques de saint Germain une signification différente? Mais ajoute l'Auteur, Dom Pesselliere ne dit pas que le Dortoir & la Bibliothéque de la l'Abbaye furent brûlés; & cependant Dom Viole l'assure comme certain. Que faut-il en conclure? C'est que Dom Viole a ap-

Lettr. IV. P. 301.

B

perçu du feu & des flammes où il n'y en avoit point. Dom Pesselliere raconte ce qu'il a vû de ses yeux immédiatement après que les Huguenots eurent été chassés de la Ville. Il est témoin oculaire de ce ravage tout récent. Dom Viole n'en a écrit que plus de 80 ans après, & il s'est lui-même contredit. Car dans la Requête qu'il présenta au Juge d'Auxerre en 1634, tems auquel il avoit encore sous les yeux les ruines du Monastére de saint Germain, il expose que *les Bâtimens de l'Abbaye furent démolis, & les titres de la Maison dissipés*. Il ne parle point là d'incendie. Il l'a imaginé depuis, mais sans preuve ni fondement.

On lit au Clocher du Chœur de l'Abbaye de saint Germain cette inscription, qui y fut mise en 1571, quatre ans après le pillage. « La Ville d'Auxerre ayant été surprise par les rebelles & séditieux Calvinistes, qui en furent maîtres pendant sept mois, ce Clocher alors si célèbre fut détruit, le Monastére & tout ce qu'il renfermoit fut pillé, volé, sacàgé. (*a*) » Il n'est pas dit un mot qui annonce que quelque chose ait été brûlée.

L'Auteur de vie de saint Maur, imprimée à Paris en 1640, fait l'énumération des Villes, dans lesquelles les Calvinistes ont brûlé des corps Saints, & ne met point Auxerre de ce nombre.

L'Auteur des Lettres Critiques insulte aux preuves, que nous tirons de ces monumens, qui, en conservant à la postérité la mémoire du pillage que les Huguenots firent de l'Ab-

---

(*a*) Cùm anno 1567 célèbre illud Campanile, simul & universa Ecclesiæ & Monasterii ædificia, per seditiosos ac rebelles Calvinianos, urbe dolo captâ, & per septem menses detentâ, omnia diruta & disturbata fuissent....

baye de saint Germain, ne difent pas un mot du prétendu incendie des Reliques de notre Saint, quoique ce fût pour les Auteurs de ces monumens l'événement le plus triste & le plus intéreffant. « N'eft-il pas extraordinaire, s'é- » crie-t-il, de prétendre qu'on auroit dû inf- » crire dans tous les monumens qu'on erigeoit, » le fait de l'incendie des Reliques de faint » Germain ? » Non ; dès que ces monumens étoient érigés dans l'Eglife ou dans le Mona- ftére de faint Germain, on aura raifon d'en conclure que le filence fur les Reliques brû- lées, eft, finon une preuve, du moins une très- forte induction qu'elles ne l'ont pas été. Une autre conféquence toute fimple & très-natu- relle, c'eft que l'opinion de Dom Viole eft in- foutenable, puifque de tous les monumens du ravage de l'Abbaye de faint Germain, qui font parvenus jufqu'à nous, il n'y en a pas un feul qui dife un mot de l'incendie des Reliques, ni même des bâtimens. Eft-il extraordinaire, que l'on en tire avantage contre un homme, qui pour un fait de cette importance, ne fe fonde que fur des conjectures & des vraifem- blances, dont il ne fournit aucune preuve ?

Pag. 312.

Mais voici quelque chofe de pluspofitif, & qui ne doit laiffer aucun doute. Les témoins au nombre de dix, entendus en 1634, par le Lieu- tenant général d'Auxerre, en conféquence de la Requête dans laquelle Dom Viole & fes Re- ligieux avoient avancé, *que la Châffe & les Re- liques de faint Germain avoient été brûlées*, non- feulement n'atteftent point ce fait, mais ils di- fent le contraire.

Le premier dépofe que, « les Calviniftes » commencerent à piller les Eglifes, fignem- » ment celle de faint Germain & faint Loup,

» & ne laisserent aucunes Reliques ni papiers
» dans les trésors. »

Le deuxiéme, « furent pillés, même le tré-
» sor & titres desdites Eglises, qui furent trans-
» portés.... & disposerent à toute volonté. »

Le troisiéme, « ruinerent les Eglises & les
» Monastéres, même celui de saint Germain,
» pillerent les trésors de ladite Eglise, & prin-
» rent les papiers & titres, rompirent & em-
» porterent les Reliques. »

Le quatriéme, « pillerent les Eglises de cette
» Ville, même l'Eglise & Monastére de saint
» Germain, disposerent de tout ce qu'ils trou-
» verent auxdites Eglises, ainsi que bon leur
» sembla. »

Le cinquiéme, « pillerent les Eglises de
» cette Ville. »

Le sixiéme, « commencerent à piller les E-
» glises & Monastéres de ladite Ville, rompi-
» rent & briserent toutes les Reliques. »

Le septiéme, « ruinerent toutes les Eglises,
» pillerent les Reliques & Ornemens qui y
» étoient, principalement le Monastére de S.
» Germain. »

Le huitiéme, « ils pillerent toutes les E-
» glises, même celle de saint Germain & le
» trésor d'icelle Eglise. »

Le neuviéme, « ils abbatirent les Eglises &
» le Monastére de saint Germain, pillerent les
» Reliques. »

Le dixiéme, « ils pillerent toutes les Egli-
» ses, notamment celle de saint Germain, en
» laquelle ils pillerent toutes les Reliques qui
» étoient dans le tresor d'icelle, desquelles ils
» disposerent comme bon leur sembloit. »

La Requête pour l'audition de ces témoins,
énonçoit le fait des Reliques de saint Germain

brûlées ; & ce fait , quoiqu'étranger à l'objet principal , qui étoit les titres & papiers de l'Abbaye, eſt abſolument détruit par l'enquête même. De ces Vieillards, témoins du pillage des Egliſes d'Auxerre , aucun ne dit qu'il y ait eu des Reliques brûlées ; aucun ne met de différence entre le ſort des Reliques du grand ſaint Germain , & le ſort des Reliques des autres Saints. Six dépoſent que les Calviniſtes prirent, pillerent, rompirent les Reliques, un ſeul dit qu'ils en emporterent. Ces Vieillards plus occupés du pillage des ſaintes Reliques , que de la ſpoliation des titres, ſemblent s'être appliqués à combattre le fait haſardé dans la Requête, que les Reliques de S. Germain avoient été brûlées. Leur témoignage dépoſe hautement contre l'opinion de Dom Viole & la détruit.

    Quelques-uns de ces témoins parlent de papiers brûlés & d'un canon fondu dans l'Egliſe même de ſaint Germain, de la matiere des cloches. Auroient-ils manqué de dire qu'il y avoit eu auſſi des Reliques brûlées , s'ils l'avoient ſeulement ouï dire ?

    Ce qu'il y a encore de ſingulier , c'eſt que la même année 1634, le 2 Novembre , les Prieur (Dom Viole) & Religieux de l'Abbaye de S. Germain, ſupplierent M. Dominique Seguier, alors Evêque d'Auxerre, de faire une viſite juridique des Grotes & Reliques de leur Egliſe. Le Procès-verbal délivré le 20 Avril 1642, par le même M. Seguier, devenu Evêque de Meaux, des viſites par lui faites deſdites Grotes & Reliques, les 2 Novembre 1634, & 17 Septembre 1636, rapporte ainſi l'expoſé de la Requête deſdits Prieur & Religieux de ſaint Germain. « Les Hérétiques s'étant rendus maî-

Descript. des Saintes Grotes.

» tres par fraude & surprise de la Ville d'Au-
» xerre, le Monastére de saint Germain fut dé-
» pouillé de tous ses ornemens, argenterie &
» Reliques des Saints, qui étoient conservées
» dans des Châsses d'or & d'argent parfaitement
» bien travaillées. »

Les Reliques étoient le seul objet de cette Requête. Cependant il n'y est pas dit un mot de Reliques brûlées. Il y est dit seulement qu'elles furent pillées avec les Châsses ; soit que Dom Viole n'eût pas été le maître d'y insérer, comme dans la précédente, ce prétendu fait ; soit que la déposition toute récente des dix Vieillards l'eût retenu. Le Procès-verbal de M. Seguier n'en parle point non plus.

A ces preuves si concluantes, joignez le Procès-verbal de la Communauté de saint Germain d'Auxerre du 30 Juillet 1663, & l'Acte par devant Notaires de Dom Clairé, Prieur de ce Monastére, du 5 Octobre suivant. Dans l'un de ces deux Actes, que nous rapporterons plus bas, il est dit expressément, que les Reliques des saints *Germain*, Aunaire & autres avoient été jettées sur le pavé par les Hérétiques, & recueillies par diverses personnes dévotes. L'autre Acte porte, que les Reliques renfermées dans des Châsses ornées d'or & de diamans avoient été retirées des mains des impies par la pieuse industrie de quelques personnes. Ces Actes juridiques ne déposent-ils pas clairement & positivement contre l'opinion de Dom Viole, qui ne produit en sa faveur, ni témoignages, ni actes, ni tradition ? Pourroit-on encore avancer que cette opinion n'est combattue que par des argumens négatifs ? Dire que les Reliques de saint Germain, furent jettées par terre dans son Eglise, & recueillies par les Fidèles, c'est affirmer qu'elles n'ont pas été emportées avec la Châsse dans la maison d'un particulier, pour y être brûlées.

En effet, si les Reliques de saint Germain, si précieuses aux Auxerrois, avoient été brûlées, un fait si intéressant n'auroit été ignoré de personne. Tout le monde en auroit parlé, tout le monde en auroit gémi, & l'on montreroit encore le lieu où ces saintes Reliques auroient été brûlées, comme il est arrivé au corps de saint Martin de Tours, & d'autres Saints. Quiconque réfléchît sentira que cette réfléxion seule prouve que les ossemens de S. Germain n'ont point été brûlés.

Il doit donc demeurer pour certain & démontré, que les Reliques de saint Germain n'ont point été brûlées lors du pillage de son Eglise par les Huguenots; & on ne peut trop admirer avec les Continuateurs de Bollandus, que Dom Viole se soit aveuglé lui-même au point d'avancer un fait de cette importance, contre l'évidence des preuves qu'il avoit sous sa main. » C'est, disent ces Auteurs, une chose éton- » tonnante, que Dom Viole ait ignoré ces » preuves, lui qui a été Prieur de saint Ger- » main depuis 1632 jusqu'en 1636, & qui a » recherché avec beaucoup de soin & de fati » gues jusqu'aux plus petites minuties en ce » genre; ou qu'il se les soit dissimulées, ensorte » que plusieurs années après, il ait osé soute- » nir dans un ouvrage imprimé, que le corps » de saint Germain avoit été brûlé. (*a*) »

(*a*) Mirum sanè id vel nescisse violam, virum, si quis alius, res in hoc genere etiam minutissimas operosè scrutatum; & ab anno 1632 usque ad annum 1636 in Cœnobio sancti Germani Priorem; vel itâ dissimulasse, ut multis post annis, puta 1656, exustionem illis typis tueri sit ausus. *Boll.*

Cependant cette opinion a été suivie par le sçavant Pere Mabillon, qui avoit lû & apostillé de sa main les manuscrits de Dom Viole, ou plutôt le Pere Mabillon a rapporté d'après son Confrére, le prétendu fait des Reliques de saint Germain brûlées : fait qui étoit étranger à ses recherches, qu'il n'a touché qu'en passant, sans examen & sans aucune discussion des preuves, & uniquement sur ce qu'il en avoit vû dans les ouvrages de Dom Viole. Il dit à la vérité la même chose dans son *Iter Italicum*, parce que passant par Auxerre, il se rappella ce qu'il avoit écrit dans ses Actes des Saints de l'Ordre de saint Benoît.

Act. SS. sec. III. Bened. part. I. pag. 9. h. 5. edit. Venet. 1734.

M. de Tillemont n'a fait que citer & copier Dom Mabillon. Mais si ces grands hommes avoient eu connoissance de quelques-uns des monumens que nous rapportons dans ce Mémoire, ils n'auroient pas manqué de rejetter l'opinion de Dom Viole, qui n'étoit pas historien si exact, que bon & saint Religieux. C'est ce qu'il seroit aisé de prouver par plusieurs traits de la vie de S. Germain qu'il a donnée au public : & ils auroient porté de son opinion le même jugement que les Continuateurs de Bollandus, qui avoient une connoissance de quelques-uns de ces actes & des monumens que nous lui opposons.

M. Baillet dit, « que les Huguenots enleverent les Reliques de saint Germain, pour les brûler & jetter leurs cendres au vent ; mais que le zéle & l'industrie d'un Catholique de la Ville fut cause que tout ne fut pas perdu, & que ce qu'il en put sauver, se conserve avec beaucoup de vénération. » Il paroît que ce célébre Auteur a suivi en partie l'opinion de Dom Viole, & en partie la tradition des Reliques dispersées & recueillies par les Fidéles, telle que nous la verrons attestée. Si M. Baillet avoit poussé plus loin ses recherches sur cet article, quand il écrivoit la vie de saint Germain, il auroit appris, que pour lors on ne connoissoit, comme provenant du trésor du Saint & sauvé du pillage, que son Suaire, ou une piéce d'étoffe appellée le Suaire de saint Germain, que l'on dit avoir été racheté d'un Calviniste par une femme de la Ville.

Enfin Dom Fournier, aussi Bénédictin de S. Germain, a avancé dans son Histoire des Grotes de l'Eglise de saint Germain, imprimée en 1714, que les Reliques de ce grand Saint avoient été brûlées. Mais il s'écarte du récit de Dom Viole, sur plusieurs circonstances importantes. Celui-ci dit que le corps fut brûlé dans la maison d'un particulier ; selon Dom Fournier, il fut brûlé dans l'Eglise même. Il avoit besoin de cette circonstance pour la suite de sa narration en ces termes. « Une terreur panique surprit ces impies, & prenant la fuite, ils abandonnerent le saint corps, encore brûlant dans les flammes. Quelques Fidéles ramasserent alors avec le plus de soin qu'ils purent toutes les cendres avec quelques ossemens, qui n'étoient pas encore consumés... & en l'année 1568.... on les renferma dans le tombeau, où le corps du saint avoit déja reposé pendant plus de 400 ans. »

Descrip. des saintes Grotes p. 106, 107.

Dom Fournier appuie ce récit sur des relations de *témoins oculaires* & sur le Procès verbal de la visite des Grotes, par M. Seguier en 1634. Ces relations sont absolument inconnues, ainsi que les prétendus témoins; il ne s'en trouve pas le moindre vestige: elles sont contredites par des actes autentiques: nous venons de le prouver. Pour le Procès-verbal de M. Seguier, il exiſte, nous l'avons déja cité. Voici comment il s'explique ſur l'article dont il eſt ici queſtion. *Nous avons vu dans la partie ſupérieure du cercueil, & à part, une grande quantité de cendres ; & en outre un petit oſſement.* C'eſt préciſément ce que l'on a remarqué avoir été trouvé ſous le Maître-Autel, par l'Abbé Joceval en 1277. Le Procès-verbal ne parle pas de *quelques oſſemens*, comme lui fait dire Dom Fournier ; mais *d'un petit os*. Il ne dit pas que ce petit os parut avoir été dans le feu. Ce qui a trompé Dom Fournier, c'eſt qu'il a cru que ce mot *cineres*, ſignifioit les cendres d'un corps brûlé ; au lieu qu'il déſigne ce qui reſte d'un corps deſſéché, & dont les chairs ont été réduites en pouſſiere. Il ſe ſeroit déſabuſé, s'il avoit conſulté les monumens de l'Abbaye de ſaint Germain où il demeuroit ; & il auroit appris que le tombeau de notre Saint, qu'il fait ouvrir en 1568, pour y renfermer ces cendres & ces oſſemens, étoit alors à plus de dix pieds en terre ; & qu'il n'a été découvert qu'en 1634, & n'a été elevé, comme il eſt à préſent, que le 18 Septembre 1635.

ARTICLE V.

Seconde opinion. Transport de la Châsse & des Reliques de saint Germain à la Maison-Blanche.

CE qui a donné naissance à cette opinion, dont on ne trouve nulle part ailleurs, ni traces, ni vestiges, ce sont les discours d'une femme, nommée Claudine Ravier, femme de Claude Vilain manouvrier, qui dans sa jeunesse avoit été servante du Capitaine Loron, sieur de la Maison-Blanche, Protestant, lequel s'étoit trouvé au pillage des Eglises d'Auxerre. Ces discours s'étant répandus dans le public, M. Octave de Bellegarde, Abbé de S. Germain, présenta Requête au Lieutenant du Bailliage & Pairie du Donziois, dans le ressort duquel demeuroient alors la Ravier & son mari. Il y expose : « Que lors de la prise d'Auxer- *Hist. de la prise d'Auxer. pieces justif. P. XII.*
» re par ceux de la nouvelle Religion, en l'an-
» née 1567, entre autres Châsses & Reliques
» précieuses, celles de saint Germain, saint Ur-
» bain & saint Thibault, furent prises & enle-
» vées, par le nommé le sieur de la Maison-
» Blanche ; & d'autant que nouvellement ledit
» sieur Abbé a reçu quelques avertissemens,
» que lesdites Châsses de S. Germain avoient
» été cachées & enterrées en certains endroits
» dudit lieu de la Maison-Blanche, a requis le-
» dit Juge vouloir ouir & interroger, tant
» la nommée Raviere que le sieur Vilain son
» mari. »

En conséquence Claudine Ravier comparut le 15 Décembre 1610. Elle fit un très long récit, & entre autres choses, elle déposa, « Qu'é-

» tant servante domestique du sieur de Loron, à
» l'âge de dix ou onze ans, ne peut cotter
» l'année, ledit sieur de Loron, après neuf ou
» dix jours d'absence, revint à la Maison-Blan-
» che, assisté de soixante ou quatre-vingt Sol-
» dats, & fit décharger dix ou douze charret-
» tes pleines de cofres & de bahus, provenant
» de la prise de Ville d'Auxerre. Qu'il y avoit
» une Châsse qu'ils appelloient la Châsse de S.
» Germain; couverte d'une garderobe de serge,
» laquelle fut portée par quatre hommes dans
» la chambre haute. Qu'elle reconnut plusieurs
» Croix & Calices d'or & d'argent au nombre de
» plus de quarante, qui furent fondus & mis en
» lingots par un Orfévre d'Auxerre amené à cet
» effet ; desquels lingots la femme dudit Loron
» en avoit détourné deux, qu'elle lui vit cacher
» dans le jardin sous un rosier. Et quant à la
» Châsse de saint Germain, icelui sieur de la
» Maison-Blanche avec ledit Orfévre, s'effor-
» ça de toute son industrie & pouvoir de la rom-
» pre & la mettre en parcelles ; mais qu'ayant
» reconnu que leurs efforts ne profitoient de
» rien, & que cette Châsse résistoit aux coups
» de marteau que l'Orfévre donnoit, ils s'a-
» viserent de la laisser en l'état qu'elle étoit,
» & de la cacher, ou enfouir en terre. Qu'ils
» firent venir un Maçon, lequel fit un crot,
» où ils descendirent la Châsse, elle présente &
» tenant la chandelle. Que le Maçon fût tué
» ensuite par ordre du sieur de Loron. »

Claude Vilain son mari dépose à peu près les mêmes choses, comme lui ayant été souvent contées par sa femme.

Tel est le récit qui fait tout le fondement de l'opinion du transport des Reliques de saint Germain à la Maison-Blanche. L'Auteur des

I. Lettr. p. 14. 15.

Lettres Critiques semble l'avoir adoptée, & il fait ce raisonnement qui lui paroît victorieux. « Il » est clair, dit-il, que la Châsse de saint Ger- » main n'a pu être ni brisée, ni mise en piéces : » or comme il n'est pas moins évident, que » rien n'auroit été plus facile que de faire cette » opération, si une fois on étoit venu à bout » de l'ouvrir, & de séparer le couvercle du » corps de la Châsse, il s'ensuit qu'elle ne fut » ouverte, ni dans son Eglise, ni dans la maison » du sieur de Loron. »

Il est permis de révoquer en doute, & même de rejetter absolument la prétendue impossibilité, non-seulement de briser la Châsse de S. Germain, suivant le récit de cette femme; mais même de *l'ouvrir*, selon l'Auteur des Lettres Critiques. Comment en effet concevoir, que pendant quinze à seize jours, que cette Châsse fut dans la chambre du sieur de Loron, un Orfévre avec son art, ses outils, ses instrumens, n'ait pu parvenir à ouvrir une Châsse que l'on vouloit briser ? On ne persuadera jamais à personne, que cela soit possible sans l'intervention d'un miracle. L'Auteur des Lettres n'y en voit point. La chose lui paroît toute simple & toute naturelle. « On me demandera peut-être, dit- » il, pourquoi cette Châsse fut plus difficile à » ouvrir que les autres. A cela je répondrai » simplement, que cette difficulté venoit de ce » qu'elle étoit fermée plus exactement que les » autres; parce que depuis qu'un Sous-Sacristain » avoit détaché furtivement du corps du saint » Evêque, le doigt du milieu de la main droite, » on avoit pris les précautions les plus exactes » pour qu'elle *ne pût être ouverte que très-diffi-* » *cilement.* » Puis il ajoute avec une confiance qui étonne : « Ce n'est point ici une con-

» jecture hazardée, ou un fait témérairement a-
» avancé. J'ai pour garant l'Histoire du Mona-
» stére de Seleby en Angleterre. »

Nous avons rapporté le texte original de cet Historien, qui dit qu'on mit la Châsse dans un lieu muré, qui fut fermé avec une porte de fer, ensorte qu'on ne pouvoit en approcher, ni la voir, *nec adiri, nec aspici*, sans le concert de plusieurs personnes; mais il ne dit pas qu'il ait été rien fait au corps de la Châsse, pour empêcher qu'on ne pût l'ouvrir. De bonne foi peut-on conclure de-là, qu'il fût très difficile, ou plutôt impossible, même à un Orfévre, d'ouvrir cette Châsse ? Si l'Auteur des Lettres a trouvé moyen de se le persuader, comment a-t-il pû se flatter de le faire croire à d'autres ? L'absurdité est trop palpable.

Allons au vrai, Claudine Ravier met beaucoup de merveilleux dans sa déposition, peut-être parce qu'elle eût l'imagination échauffée de tout ce qui se passoit chez le sieur de Loron. Elle dit : « Que sur le point qu'on vouloit des-
» cendre ladite Châsse, il lui apparut une cer-
» taine vision en forme d'une grande femme
» vêtue de blanc, laquelle retenoit icelle Châs-
» se ; & comme elle fut dans le crot, cette
» même femme s'efforçoit de repousser la ter-
» re, que le Maçon jettoit dans ladite fosse.
» Elle ajoute, que pendant que la Châsse fut
» chez le sieur de Loron; on entendit jour &
» nuit, & surtout les nuits, un grand bruit. »
Son mari déposa d'après elle, que pendant qu'on descendoit la Châsse, « elle entendit fort
» intelligiblement une voix articulée par d'au-
» tres que ceux qui étoient dans la chambre,
» disant & reprochant audit de la Maison-Blan-
» che, qu'il faisoit mal de faire ce qu'il faisoit,

» qu'il n'auroit pas la Châsse, parce qu'elle ne
» lui appartenoit pas. »

L'impossibilité de rompre, ou d'ouvrir la Châsse, fait partie de ce merveilleux, qui n'est pas assez bien appuyé pour mériter d'être cru.

En conséquence des discours de la Ravier, on creusa, on fouilla jusques dans les fondemens de la Maison-Blanche ; on ne trouva rien. Cette femme elle-même y ayant été conduite, ne put donner aucune indication, ni même reconnoître la disposition de la maison. Il faut donc conclure de tout ce qui vient d'être rapporté, comme le Continuateur de Bollandus, & dire avec lui : (*a*) » J'aimerois infiniment
» mieux, que le fait de la Châsse enfouie en
» terre, pût un jour être confirmé par la dé-
» couverte de ce trésor caché, que par le té-
» moignage d'une femmelette de village, quoi
» qu'elle ait prêté serment. » On ne peut en effet rien appuyer de solide sur le témoignage de cette femme qui, presque dans tout ce qu'il renferme, présente un caractére fabuleux. Le sieur de Loron veut la tuer ; mais en étant détourné par sa femme, il se contente de lui racler la langue avec un couteau, pour l'empêcher de parler. Il la garde à vue pendant quinze jours, & l'envoie chez son frere où on la guérit. Au bout de trois mois elle se trouva chez son pere en pleine liberté de dire ce qu'elle voudra. Mais l'induction bien fondée que l'on tire de la Requête de M. de Bellegarde, Abbé de saint Germain, c'est qu'en 1610, & long-tems après, on étoit bien persuadé que les Reliques de saint Germain n'avoient pas été brûlées.

(*a*) N°. 18. pag. 188. Quàm velim equidem ipsâ potiùs occulti, obseratique thesauri inventione aliquando, quàm unius mierculæ, & quidem rusticanæ, quantumvis juratæ, testificatione firmari. *Bolland.*

Pour que des témoins faſſent preuve, à plus forte raiſon, ſi on n'en a qu'un ſeul à produire, qui eſt une femme, laquelle rapporte des faits qu'elle dit avoir vus à l'âge de onze ou douze ans, il faut que la dépoſition ſoit claire, nette & préciſe, & qu'elle renferme un récit exact des faits qu'il s'agit de prouver, & des circonſtances que le témoin a vus de ſes propres yeux : or ces caractéres ne ſe trouvent point dans la dépoſition de la Ravier. Elle ne dit pas qu'elle a été témoin des efforts de l'Orfévre & du ſieur de Loron pour briſer la Châſſe. Elle ne dit pas qu'ils ne purent l'ouvrir. Elle ne dit pas même avoir ouï dire, que cette Châſſe n'avoit point été ouverte à ſaint Germain, & que les Reliques de ce Saint y étoient enfermées, quand on l'apporta à la Maiſon-Blanche. Toute la dépoſition de cette femme, ſe réduit à dire, que parmi les effets apportés d'Auxerre par le ſieur de Loron & ſes ſoldats : *Il y avoit une Châſſe couverte, qu'ils appelloient la Châſſe de ſaint Germain ; qu'elle fut portée dans une Chambre haute ; que n'ayant pu la mettre en parcelles, ils s'aviſerent de la cacher, & enfouir en terre.* Conclure de ces paroles, que la Châſſe de S. Germain n'a pu être ouverte dans ſon Egliſe lors du pillage, & qu'elle a été apportée avec les Reliques à la Maiſon-Blanche ; c'eſt mettre la dépoſition à l'écart, pour lui ſubſtituer des conjectures & de vains raiſonnemens ; c'eſt bâtir ſur un fondement ruineux, & appuyer la vérité d'un fait ſur une fable, telle que l'impoſſibilité à un Orfévre de briſer une Châſſe qu'il a en ſa poſſeſſion pendant quinze jours.

ARTICLE

ARTICLE VI.

Troisiéme Opinion. Les Reliques de S. Germain, comme celles des autres Saints, furent jettées sur le pavé de l'Eglise par les Huguenots. Mais ou elles ont été dispersées & perdues, ou elles ont été confondues avec les Reliques des autres Châsses, ramassées dans la même Eglise, & renfermées dans un pilier des Grotes.

LA premiere Partie de cette proposition se trouve déja prouvée par le récit de D. Pesseliere, par les dépositions des dix Vieillards, & par l'extrait du Procès-Verbal de M. Seguier, que nous avons rapportés ci-devant. Joignons-y d'autres monumens qui en rendront la démonstration complette.

Nous voyons par les fastes sacrés de D. Hugues Vaillant, Bénédictin de la Congrégation de S. Maur, imprimés en 1674, que ce Religieux étoit persuadé que les Reliques de S. Germain avoient été jettées par terre, foulées aux pieds & prophanées par les Huguenots. Après ce sommaire : *les Calvinistes prophanateurs des Reliques de S. Germain sont punis*, il leur adresse la parole en ces termes : (a) « Quoi donc, Sacri-
» léges, vous osez toucher avec des mains

(a) Calvinistæ Reliquiarum S. Germani violatores puniuntur.
 Ergo-ne, Sacrilegi, venerandos Præsulis artus,
  Audetis turpi contemerare manu !
 Lipsana quæ flexo coluerunt poplite Reges,
  Obteris heu pedibus, turma scelesta, tuis !
 At quem barbaricis nunc calcas impia plantis,
  Dextrâ ultrice tuum conteret ille caput,
 Dira Philisteæ spectabis funera gentis ;
  Nam sacra in hostiles incidit arca manus.

» souillées les membres respectables de ce Saint
» Evêque ! Scélérats, vous foulez aux pieds des
» Reliques devant lesquelles des Rois ont fléchi
» le genou ! Celui que vous traitez si indigne-
» ment fera tomber sur vos têtes tout le poids
» de sa vengeance. L'Arche d'Alliance est tom-
» bée entre les mains de ses ennemis : vous se-
» rez punis de mort comme autrefois les Phi-
» listins ».

A ce témoignage si positif de D. Vaillant, qui écrivoit peu de tems après que les Procès-Verbaux de D. Anselme Clairé furent redigés, & qui vraisemblablement en avoit eu connoissance, l'Auteur des Lettres critiques oppose deux strophes d'un Hymne qui se chante dans l'Eglise de S. Germain le 7. Janvier, jour auquel on célébre la translation qui fut faite de son corps le 6 du même mois 859. Voici les termes de la premiere strophe, la seconde n'y ajoute rien pour ce qui est en question. « En vain la
» cruelle hérésie exerce ses fureurs, on voit sor-
» tir des flammes mêmes des précieux restes du
» Corps saint ; ses cendres sont pour nous le
» gage assuré d'un secours toujours présent
» (*a*) ». L'Auteur dit que cet Hymne se chante à Saint Germain *depuis nombre d'années*. Mais pourquoi n'en rapporte-t-il pas la date, dont l'ancienneté seule pourroit donner quelque autorité à l'Hymne qu'on nous objecte ? A-t-il pû ignorer qu'il a été composé en 1713, par un Poëte du Diocèse de Sens sur les Mémoires de D. Dominique Fournier, qui fit imprimer en

Lett. 4. *pag.* 322.

―――――――――――

(*a*) Fustrà sævit atrox hæresis ;
Flammis usta rogo pignora pullulant :
  Nobis eccè ministrat
  Certum præsidium cinis.

1714 son Histoire des Grotes. La strophe que nous venons de traduire n'est autre chose, que le recit de ce Religieux mis en vers ; recit dont nous avons démontré la fausseté.

Mais pourquoi les Reliques de S. Germain auroient-elles eu un sort différent des Reliques des autres Eglises de la Ville d'Auxerre, & même des autres Châsses de l'Eglise de S. Germain ? Celles de S. Vigile Evêque d'Auxerre, « après que leur Châsse eut été précipitée du » haut de l'Autel, où elle étoit exposée, furent » jettées par terre & foulées aux pieds, brisées » & mises en morceaux par ces traîtres & ces » scélérats, sous les yeux de quelques fidéles » des deux sexes, qui gémissant intérieurement, » & n'osant ouvrir la bouche à cause de la ter- » reur des armes, ne laisserent pas de ramasser » secretement ce qu'ils pûrent de ces saints osse- » mens, épars çà & là par toute l'Eglise (de » Notre-Dame la D'hors), les cacherent avec » soin, les emporterent dans leurs Maisons, où » ils les garderent dans un honorable secret (*b*) ». Ce sont les termes du Procès-Verbal de M. Amyot Evêque d'Auxerre, du 10 Juillet 1588. pour la vérification des Reliques de S. Vigile.

Les Reliques de la Cathédrale d'Auxerre furent de même tirées des Châsses, dispersées dans l'Eglise & ramassées par des fidéles pleins de zéle & de religion, qui les retirerent & les

---

(*b*) Capsa (Sancti Vigilii) de superiori Altaris parte dejectâ, pedibus conculcata, confracta & conquassata est à proditoribus illis sicariis, videntibus & intrà se gementibus aliquot fidelibus personis utriusque sexus, qui cùm mutire non auderent propter armorum terrorem, tamen, quod potuerunt, ossa beata per totam Ecclesiam sparsim dejecta, clàm collegerunt, & studiosè occultata domum suam detulerunt, atque honorifico secreto apud se habuerunt. *Proc. Verb. D. Amyot.*

racheterent des mains de ces voleurs. Elles resterent dans le trésor jusqu'à ce que M. Seguier Evêque d'Auxerre les mit dans une Châsse qu'il avoit fait faire, comme le dit son Procès-Verbal du 26. Octobre 1637 (*c*).

A l'égard des Reliques de l'Eglise de S. Germain, qui furent aussi receuillies par des personnes dévotes, les Religieux à qui elles furent rendues en partie, les mirent dans le creux d'un mur, ou pilier des Grotes, dont ils fermerent l'ouverture par une pierre sur laquelle ils graverent une croix. M. Seguier en faisant la visite de cette partie des Grotes le 17 Septembre 1636, apprit, comme il le rapporte lui-même dans son Procès-Verbal (*d*) » Que le peuple » venoit visiter cet endroit avec beaucoup de » dévotion, & baisoit souvent la croix gravée » sur la pierre ; & cela sur la foi d'une tradition » qu'ils tenoient des anciens, que sous cette croix » étoient renfermés des Reliques de Saints en » grande quantité & très-précieuses ». Il en rapporte un miracle qu'il dit lui avoir été certifié par des personnes dignes de foi.

En l'année 1663, le 30 Juillet, veille de la Fête de notre Saint, les Religieux de Saint Germain mirent dans des Châsses de bois doré, qu'ils avoient fait faire, les Reliques qui avoient

Descrip. des Saintes Grot. pag. XXII.

(*c*) Ubi nobis constitit eadem esse Sanctorum Justi & Amatoris ossa, eademque Sancti Germani vestes & reliquias, quæ priùs in veteribus capsis asservabantur, Christianorum quorumdam hujus nostræ Diœcesis zelo ac religione ex avaris prædonum Calvinistarum manibus redemptas atque ereptas *Proc. Verb D. Seguier.*

(*d*) Cujus parietis medium crucis signum præferre videbatur, quem locum sæpius osculando eamdem crucem devotus Autissiodorensis populus singulari pietate visitare consueverat, à majoribus acceptâ fide & traditione, quod ibidem sub crucis signaculo multæ, pretiosæque sanctorum reliquiæ continerentur. *Proc. Verb. D. Seguier.*

de Saint Germain d'Auxerre. 37

été placées dans des armoires pratiquées dans les Grotes. D. Anselme Clairé, Prieur de Saint Germain, & tous les Religieux de la Maison, parmi lesquels D. Viole est nommé, déclarent dans le Procès-Verbal de cette translation (*e*) que „ les Reliques des Saints, qui étoient ren-
„ fermées dans des Châsses d'argent, ornées d'or
„ & de diamans précieux, avant l'irruption
„ des Calvinistes, avoient été presque toutes,
„ mais confusément retirées des mains de ces
„ impies par la pieuse industrie de quelques
„ personnes, qui les avoient ramassées soigneu-
„ sement & à la dérobée ; & qu'elles avoient
„ été ensuite reconnues par M. Seguier, lequel
„ avoit permis que ces Reliques & celles des
„ tombeaux qu'il avoit fait ouvrir dans les Gro-
„ tes, fussent exposées pendant trois jours con-
„ sécutifs pour satisfaire la dévotion des fidéles.
„ Ils ajoutent qu'on tenoit par une religieuse &
„ inébranlable tradition, que parmi toutes ces
„ Reliques, il y en avoit du glorieux S. Ger-
„ main, des SS. Maurice, Tiburce, Urbain
„ & autres dénoncés ensuite au nombre de
„ sept ".

Le 5 Octobre suivant dans un acte devant Notaires pour vérifier le miracle rapporté par M. Seguier, le même D. Clairé déclare, avoir appris de diverses personnes séculieres

Mémoi. concer. l'Hist.

(*e*) Reliquiis quæ olim & ante impiorum Calvinistarum rabiem, impetum & irruptionem, in Thecis & Capsis argenteis auro, gemmis, ac lapidibus prætiosissimis decoratis asservabantur, ab eorum sacrilegis manibus sedulò & furtim ferè toto, licèt confusè, piâ quarumdam personarum diligentiâ ac studio collectis.... à D. Seguier Episc. Autiss. cognitis & approbatis, ac ipso annuente per tres continuos dies, singulis patentibus tumulis & armariis, fidelium devotione expositis.... inter quas piâ & inconcussa traditione docemur gloriosissimi S. Germani, SS. Mauricii.... reperiri.

C iij

d'Aux. Tom.
II. pag. 236.

» & regulieres, que lors de la prise d'Auxer
» arrivée en l'an 1567, les Capitaines la Bo
» de, Blosset & autres Huguenots, prirent
» pillerent les Châsses des SS. Germain, A
» naire & autres, qui étoient dans l'Eglise
» S. Germain, & jetterent les saints ossem
» par terre avec grand mépris; lesquels sain
» ossemens furent ramassés par diverses perso
» nes dévotes, qui en auroient mis une gran
» partie entre les mains des vénérables Religie
» de l'Abbaye & Monastere dudit S. Germai
» lesquels, pour sauver lesdites Reliques,
» auroient mises & cachées dans le creux d'
» gros pilier, étant au dedans des Grotes de
» dite Abbaye ».

Voilà la tradition de toutes les Reliques
Châsses de l'Abbaye de S. Germain jettées
le pavé, & recueillies par des personnes dév
tes, constatée & autentiquée par deux actes
forme sous les yeux de D. Viole, & attest
par D. Viole lui-même avec son Prieur & to
te la Communauté: tradition qui subsistoit d
puis près de cent ans dans la Ville d'Auxerr
que D. Viole n'avoit pas ignorée; mais qu
a négligée & combattue, pour y substituer u
fable. Ce qui est remarquable, c'est que cet
tradition si bien soutenue, comprenoit spéci
lement *la Châsse de S. Germain*, dont les sai
ossemens furent jettés par terre.

Ces Procès-Verbaux si décisifs contre le pr
tendu incendie des Reliques de S. Germai
n'embarrassent point du tout l'Auteur des Le
tres Critiques. Il convient que D. Clairé éto
dans la persuasion que les Reliques de S. Ge
main n'avoient pas été brûlées, & qu'ell
avoient eu le même sort que les autres; c'es

à-dire qu'elles avoient été jettées sur le pavé & recueillies par les fidéles. « Cependant, ajou- *Lett. IX.* *pag. 326.*
» te-t-il, que prouve cette diversité de senti-
» mens entre Dom Clairé & Dom Viole ? Rien
» autre chose, ce me semble, sinon que la tradi-
» tion du pays n'étoit point uniforme sur le
» sort que ces précieuses Reliques éprouverent
» en 1567. D. Viole ne l'a-t-il pas reconnu ?....
» Il ne s'agit donc ici que de déterminer au-
» quel de ces deux Bénédictins nous devons
» ajouter plus de créance. Peut-il être douteux
» que dans cette hypothése Dom Viole ne mérite
» la préférence à tous égards ? Il y avoit 29
» ans que ce Religieux étoit uniquement appli-
» qué à vérifier & à approfondir cette tradition.
» Il avoit vécu nombre d'années avec des per-
» sonnes qui avoient été témoins du ravage,
» ou avoient appris de leurs peres ce qui s'y
» étoit passé ; au lieu qu'il y avoit à peine trois
» ans que Dom Clairé étoit à Auxerre ». Mais
répondre ainsi ce n'est point résoudre la difficulté ni combattre l'objection ; c'est donner le
change par une fausse supposition. Si D. Viole
avoit appuyé son opinion de l'incendie des Reliques de S. Germain, sur la tradition du pays,
s'il avoit dit qu'il n'a embrassé ce parti qu'après
avoir consulté les anciens du pays & dont le
témoignage lui a paru le mieux fondé & le plus
digne de créance, le raisonnement de notre
adversaire seroit juste & conséquent. Mais bien
loin que D. Viole s'autorise de la tradition du
pays, il se l'objecte & il lui préfere, non des
inscriptions, des actes ou autres monumens, mais
des conjectures & des vraisemblances, dont il
ne donne aucune preuve, comme le remarquent
les Bollandistes. Un tel témoignage peut-il être

C iv

mis en balance avec celui d'un homme, qui certifie devant deux Notaires ce qu'il a appris dans le lieu même où la chose s'est passée, *de diverses personnes séculieres & régulieres*, & dont la relation s'accorde parfaitement avec ce qui est arrivé dans les autres Eglises de la Ville où il y a eu des Reliques pillées? Enfin, & on ne peut trop insister sur cette réfléxion, les deux actes autentiques concernant les Châsses & ces Reliques pillées dans l'Eglise de S. Germain, ont été passés sous les yeux de Dom Viole. Il y a vû le contraire de ce qu'il avoit avancé. Il a souscrit l'un de ces Actes. Quel jugement doit-on par conséquent porter de son opinion, destituée d'ailleurs de tout appui, & combattue par les actes & les monumens qui sont parvenus jusqu'à nous?

Quoiqu'il soit dit dans le Procès-Verbal du 30 Juillet 1663, que l'on tenoit par tradition certaine, que parmi les Reliques trouvées dans le pilier, il y en avoit de S. Germain, on ne doit pas en inférer que les ossemens de S. Germain furent confondus lors du pillage avec tous ceux des autres Saints. Le Procès-Verbal ne dit pas que les Reliques de S. Germain étoient avec les autres; mais qu'on tenoit par tradition que parmi les Reliques des autres Saints, il s'y en trouvoit du glorieux S. Germain, ce qui indique seulement quelques parcelles. Des deux Actes cités, le premier porte que *presque toutes* les Reliques des Châsses; le second, *qu'une grande partie* furent rapportées. Par conséquent soutenir que tout fut remis alors par les fidéles, & que tout fut confondu, c'est ajouter à la tradition : c'est contredire les Actes autentiques qui la confirment. Les Religieux de l'Abbaye de S. Germain étoient si persuadés en 1670, qu'ils n'avoient pas les Reliques de leur Saint Patron, qu'ils voulurent en quelque sorte réparer leur perte en faisant demander par M. de Broc Evêque d'Auxerre à M. l'Evêque de saint Flour une portion de la Relique honorée à Cezens sous le nom de S. Germain, & qu'ils croyoient alors être véritablement du Saint Evêque d'Auxerre.

ARTICLE VII.

Quatriéme Opinion. *Les Reliques de S. Germain jettées par les Hérétiques sur le pavé de l'Eglise, ont été ramassées par des personnes dévotes, & religieusement conservées.*

IL paroît prouvé par tout ce que nous venons de rapporter,

1°. Que les Huguenots, uniquement occupés du butin, n'ont cherché qu'à s'enrichir des dépouilles des Eglises d'Auxerre; & que contens d'emporter les Châsses & Reliquaires, ils n'en ont point brûlé les Reliques, mais les ont jettées par terre & foulées aux pieds.

2°. Que ces Reliques ont été ramassées par les fidéles dans les différentes Eglises, & spécialement dans celle de S. Germain.

3°. Que ces Reliques, tirées des Châsses de l'Eglise de S. Germain, & rapportées en partie par les fidéles, furent renfermées dans le creux d'un pillier des Grotes de ladite Eglise.

4°. Que parmi ces Reliques, qui ont été recueillies & précieusement conservées, on n'en a distingué aucune comme étant de S. Germain.

La vérité de ces quatre faits étant aussi-bien constatée, il est naturel de se demander comment il a pû se faire, que les Reliques de l'Eglise Cathédrale, de Notre-Dame la D'hors, & celles de l'Eglise de S. Germain, ayant été ramassées & conservées par le zéle & la piété des fidéles, il n'y ait que celle du grand S. Germain, dont il ne soit resté ni traces ni vestiges ; & que ces fidéles d'Auxerre, qui ont montré tant d'industrie & de courage pour sauver les Reliques des autres Saints, aient été si négligens & si indifférens pour celles de S. Germain, le protecteur & l'Ange tutélaire de leur Ville, par l'intercession duquel ils avoient reçu du Ciel tant de graces & de faveurs. C'est en genre d'événemens un mystere incompréhensible. Mais la divine Providence a pourvu aux moyens de résoudre cette question. Les Reliques de S. Germain ne sont pas perdues ; & nous avons tout lieu de croire, que ce respectable & précieux trésor subsiste encore parmi nous. C'est ce qu'il faut examiner & prouver en suivant la même méthode, c'est-à-dire, en rapportant les faits avec la plus grande exactitude, en déduisant les conséquences qui résultent de ces faits, & en répondant aux difficultés & aux objections, qui seront exposées dans toute la force dont elles peuvent être susceptibles.

ARTICLE VIII.

Découverte des Reliques prétendues de S. Germain en 1717.

Mʀ Lebeuf Chanoine & Sous-Chantre de l'Eglise d'Auxerre, à présent Chanoine honoraire de ladite Eglise, & Associé de l'Académie Royale des Inscription & Belles-Lettres, si connu par ses laborieuses recherches sur l'Histoire Ecclésiastique & Civile de France, est celui à qui on doit la manifestation de ces Reliques. Il apprit en 1717 du Pere Chansi Religieux Prémontré de l'Abbaye de S. Marien d'Auxerre, qu'on *tenoit par tradition* qu'un cofre placé dans la Bibliotéque de la Maison, contenoit des Reliques précieuses, provenantes de l'Eglise d'Auxerre. Le P. Chansi étoit alors âgé de 80. ans. Il étoit Prieur-Curé de la Paroisse de S. Martin lez S. Marien depuis 50 ans. Il avoit toujours demeuré dans cette Abbaye, où il est mort en 1725, âgé de 88 ans. M. Lebeuf dans une seconde visite, témoigna aux PP. Chansi & Thierriat, le grand desir qu'il avoit de voir ce qui étoit contenu dans le cofre de la Bibliotéque ; le P. Thierriat en fit l'ouverture : ils y trouverent trois ou quatre sacs contenant des ossemens & différentes étiquettes d'écriture ancienne.

Sur le plus grand de ces sacs, qui étoit d'une toile assez fine, étoit cousu un billet, sur lequel on lit ces mots. Cᴇs ossᴇmᴇɴs ᴍ'oɴᴛ ÉᴛÉ ᴍɪs ᴇɴ ᴍᴀɪɴ ᴘᴀʀ ɢᴇɴs ᴘɪᴇᴜx, ᴍᴇ ᴅɪsᴀɴᴛ Êᴛʀᴇ ᴅᴇs Rᴇʟɪǫᴜᴇs ᴅᴇ ʟᴀ Cʜâssᴇ ᴅᴇ S. Gᴇʀᴍᴀɪɴ ; ᴇᴛ ǫᴜᴇ ɪʟs ʟᴇs ᴀᴠoɪᴇɴᴛ ᴀᴍᴀs-

Mémoire sur les Reliques prétendues
sé sur le pavé de l'Eglise dudit S. Germain a l'heure que les Huguenots ruinerent les Châsses d'icelle Eglise en l'an mil cinq cent soixante et sept. faict 1607.

Le sac ayant été ouvert, ils y trouverent plusieurs ossemens d'une couleur différente des ossemens ordinaires qui ont été inhumés.

Ils ne pousserent pas alors leurs recherches plus loin. Mais le 5 Avril 1718. Le P. Thierriat appella le Sieur Claude Lesseré M^e. Chirurgien, qui en présence de M. Lebeuf, fit l'examen & le dénombrement des os, qui se trouverent dans ledit sac; après quoi ils y furent tous remis, excepté les deux *Tibia* & quelques fragmens de côtes, que le P. Thierriat permit à M. Lebeuf d'emporter, aussi-bien que le billet qui fut décousu du sac, afin qu'il pût vérifier de quelle main il étoit écrit, & faire des recherches sur les ossemens mêmes. Et en effet, il n'épargna ni soins, ni travaux pour avoir des lumieres sur les Reliques honorées en plusieurs Eglises, comme étant de S. Germain d'Auxerre, & sur celles qu'ils venoit de découvrir dans le cofre de l'Abbaye de S. Marien.

M. L'Evêque d'Auxerre, à qui M. Lebeuf communiqua ses recherches, écrivit à celles des Eglises qui prétendent avoir des Reliques de S. Germain avant la spoliation de l'Abbaye qui porte son nom à Auxerre. Il consulta même les Jésuites d'Anvers, qui sous le nom de Bollandistes travaillent à l'ouvrage immense qui a pour titre *Acta Sanctorum*, comme il les avoit consultés en 1714 pour les Reliques de S. Pelerin. Le P. du Sollier qui avec ses Con-

de Saint Germain d'Auxerre. 45

freres en étoit alors à la vie de S. Germain, répondit à M. l'Evêque d'Auxerre par sa lettre du 12 Octobre 1729, & lui envoya un Mémoire, qu'il dit avoir été fait avec toute la diligence possible par un de leurs Peres, en réponse à celui qui leur avoit été adressé concernant les Reliques trouvées dans le cofre de S. Marien. Le Mémoire a été inséré, au moins pour le fond, dans la Vie de S. Germain par ces Peres. Nous en parlerons en son lieu.

M. l'Evêque d'Auxerre crut alors devoir attendre de plus grands éclaircissemens, avant que de procéder à la vérification des Reliques découvertes par M. Lebeuf.

Cependant M. Parent Chanoine de l'Eglise d'Auxerre, qui avoit été instruit du dépôt renfermé dans le cofre de la Bibliotéque de Saint Marien, profita de ses liaisons avec les Peres Schmit & Charbonnier Religieux de la Maison, pour voir ces ossemens, dont la couleur canelle & différente des autres, lui fit juger que c'étoit ceux découverts par M. Lebeuf; & par ses instances il obtint de ses amis la permission d'emporter les ossemens renfermés dans le sac, qui étoit celui dont M. Lebeuf avoit pris l'inscription avec les deux *Tibia*; & les garda religieusement dans sa maison.

M. Lebeuf, dont les recherches sur les Reliques de S. Germain avoient été souvent interrompues, soit par la composition du chant des Breviaires d'Auxerre, Bourges & Paris, soit par d'autres Ouvrages qu'il a donnés au public, profita de son séjour à Paris pour consulter sur cette découverte, des Canonistes & autres personnes éclairées, dont les réponses furent un préjugé favorable.

ARTICLE IX.
Procédure concernant la découverte des Reliqu[es] de Saint Germain.

Mr Davignon Chanoine de l'Eglife d'A[u]xerre, Promoteur général de l'Evêché[,] informé de tous ces faits, préfenta Requê[te] à M. l'Evêque; dans laquelle, après lui avo[ir] rappellé les vœux & les defirs de parvenir à [la] vérification des Reliques de S. Germain, e[x]primés par ce Prélat d'une maniere fi patét[i]que, dans un Sermon qu'il avoit prêché da[ns] l'Eglife des Auguftins d'Auxerre, l'année m[ê]me que les Reliques de S. Auguftin avoient ét[é] découvertes, il expofe tous les faits ci-deffu[s] rapportés, & les indices qui portent à croir[e] que les offemens découverts font de S. Germain[.] Il requiert qu'il plaife à M. l'Evêque procéde[r] à un examen juridique defdits faits & indice[s.]

Mr l'Evêque par fon Ordonnance du 1 Octobre 1751, étant au bas de ladite Requête[,] nomme & commet Mrs Charles Huet, Prêtre Docteur en Théologie de la Faculté de Paris[,] Chanoine & grand Archidiacre de l'Eglif[e] d'Auxerre, & Official du Diocèfe, « Pour in[-]
» former de la vérité des faits contenus en ladi[-]
» te Requête, fe faire repréfenter les offemen[s]
» prétendus de S. Germain, enfemble tous le[s]
» papiers & enfeignemens, fpécialement l[e]
» billet attaché au fac qui enfermoit lefdite[s]
» Reliques, & en vérifier l'écriture : faire vi[-]
» fiter lefdits offemens par Médecins & Chi[-]
» rurgiens, pour en faire la defcription & le[s]
» apparier enfemble : entendre toutes les per[-]

» fonnes qui pourront donner des indications
» & éclairciffemens fur lefdits offemens ; &
» généralement faire tout ce qui fera néceffai-
» re pour parvenir à leur vérification, dreffer
» du tout un Procès-Verbal, pour à lui rap-
» porté être ftatué ce que de raifon.

Le 4 Novembre fuivant, M. Huet Commiffaire rendit fon Ordonnance au bas de la
Requête à lui préfentée par le Promoteur, &
par icelle en acceptant ladite Commiffion, il
ordonne être affignés les dépofitaires dudit
billet & defdits offemens, à comparoitre pardevant lui le 8 dudit mois & jour fuivans,
pour les repréfenter ; les Médecins & Chirurgiens pour vifiter & apparier lefdits offemens ;
les Experts pour vérifier l'écriture dudit billet,
& tous autres qui pourroient avoir connoiffance des faits énoncés en ladite Requête.

En exécution de cette Ordonnance l'Enquête
a été faite devant ledit Commiffaire, dans laquelle font comparues différentes perfonnes,
fur affignations à elles données à la Requête
du Promoteur, & ont fait leurs déclarations &
dépofitions, chacun féparément après avoir
prêté ferment, & que lecture leur a été faite,
tant de la Requête dudit Promoteur que def-
dites Ordonnances.

Mr Lebeuf, qui a comparu le premier,
après avoir dépofé du fait de la découverte,
ainfi qu'il eft rapporté ci-deffus, fait l'énumération & nomme tous les offemens que renfermoit le fac fur lequel étoit attaché le billet,
déclare que lorfque lefdits offemens furent tirés
du cofre & du fac en 1718, ils furent tous
apariés les uns aux autres en préfence de lui
& du P. Thierriat Prémontré, par le Sieur

Claude Lesseré Chirurgien, qui estima qu'ils étoient d'un même corps. Il fait ensuite le détail de toutes les recherches & perquisitions qu'il a faites depuis ladite découverte, soit en écrivant aux Eglises qui prétendent avoir des Reliques de S. Germain, soit en s'y transportant lui-même; après quoi il a remis pour être joint à sa déposition l'état des ossemens par lui trouvés dans le cofre, plusieurs lettres & différens actes autentiques concernant les Reliques de S. Germain; a aussi représenté les deux *Tibia* sur lesquels il avoit écrit anciennement, *Tibia* droit, *Tibia* gauche, les fragmens de côtes & ledit billet; & après avoir affirmé que ces ossemens sont ceux qu'il avoit tirés dudit cofre de la Bibliotéque de Saint Marien; & que ce billet est celui qui étoit attaché audit sac, lequel billet a été paraphé de lui & du Commissaire & joint au Procès-Verbal de sa déposition, iceux ossemens appellés *Tibia*, ont été enfermés dans une boëte, scellée des armes de M. l'Evêque, & remise entre les mains des Bénédictins de l'Abbaye de S. Germain, pour les représenter quand ils en seront requis.

Mr Parent Prêtre & Chanoine de l'Eglise d'Auxerre a déposé de quelle maniere les ossemens conservés à S. Marien, étoient venus en sa possession, ainsi que nous l'avons rapporté; & a représenté au Commissaire tous ces ossemens, qui se sont trouvés au nombre de 25 tant grand que petits, avec quelques petits morceaux de bois, qu'il a dit avoir aussi trouvé dans le même sac.

Ensuite est comparu de nouveau le Sieur Lebeuf, qui étant requis de déclarer s'il reconnoissoit lesdits ossemens, présentés par le Sieur Parent,

Parent, pour être ceux qu'il avoit laissés dans le sac, dont il avoit tiré les deux *Tibia* & fragmens de côtes, & sur lequel étoit le billet par lui présenté lors de sa déposition, a affirmé, après avoir examiné tous lesdits ossemens, les reconnoître pour être les mêmes; & a dit qu'il est aisé de le justifier par le détail qu'il a fait dans sa déposition & par l'apariement desdits ossemens les uns aux autres.

Après quoi le Commissaire a enfermé tous lesdits ossemens & morceaux de bois, présentés par ledit sieur Parent; ainsi que les fragmens de côtes, présentés par ledit sieur Lebeuf, dans une boëte scellée des armes de M. l'Evêque, & remis ladite boëte entre les mains dudit sieur Parent, pour la représenter quand il en sera requis. Lequel M. Parent a déposé depuis lesdits ossemens renfermés dans ladite boëte, ès mains de MM. du Chapitre de l'Eglise Cathédrale d'Auxerre, qui ont placé ladite boëte, scellée comme il a été dit, dans le Trésor de leur Eglise. L'acte du dépôt est du Vendredi 10 Décembre 1751.

Dans la même Enquête ont été entendus,

M. le Clerc, Chanoine & Lecteur de l'Eglise d'Auxerre, lequel a déposé qu'il y a plus de 40 ans, qu'étant allé voir à l'Abbaye de S. Marien le Pere Chansy Prémontré, homme d'une vertu consommée, il s'apperçut que ledit Pere Chansy, passant avec lui devant la porte de la Bibliothéque, ôta sa calote, & fit une génuflexion; & que lui ayant demandé pourquoi cette cérémonie, ledit Pere répondit qu'il y avoit dans la Bibliothéque un coffre, où étoient renfermées de précieuses Reliques.

M. Baudesson, Maire perpétuel de la Ville

d'Auxerre, a déposé avoir ouï dire à plusieurs personnes de la Ville, que le Pere Chansy honoroit des Reliques déposées dans un coffre, placé dans la Bibliothéque de l'Abbaye de S. Marien, s'agenouillant avec respect, & faisant sa priere auprès du coffre.

M. le Prince, Notaire Royal à Auxerre, a dit qu'étant dans la maison du feu sieur Laloy, Bailli du Chapitre, son parent, le Pere Chansy y seroit venu ; & que dans la conversation, ledit sieur Laloy auroit demandé audit Peré Chansy, s'il étoit vrai que toutes les fois qu'il passoit devant la Bibliothéque il s'inclinoit, il s'agenouilloit, & faisoit sa priere devant un coffre qui y étoit : à quoi ledit Pere Chansy répondit que cela étoit vrai, qu'il avoit beaucoup de vénération pour ce coffre, parce qu'il renfermoit des Reliques d'un Saint très-précieuses.

M. Lesseré, Chirurgien, a déposé avoir ouï dire plusieurs fois au sieur Lesseré son pere, que le Pere Chansy s'agenouilloit, faisoit sa priere, ôtant sa calote devant un coffre qui étoit dans la Bibliothéque, disant qu'il y avoit des Reliques enfermées dans ce coffre.

M. Lebeuf avoit dit dans sa déposition, avoir ouï dire à la Mere de Blamont, Supérieure des Religieuses de la Visitation à Auxerre, qu'elle tenoit du Pere Oudinet, Prémontré, Prieur de Notre-Dame la D'hors, depuis 1681 jusqu'en 1710, qu'il y avoit dans leur maison des Reliques considérables, provenantes de l'Abbaye de S. Germain.

Le 10 Décembre 1751, sont comparus devant M. le Commissaire, sur les Assignations à eux données à la Requête de M. le Promoteur, MM. Thiennot pere, & Housset Docteurs en

de Saint Germain d'Auxerre.

Médecine, & les sieurs Bourgoin & Lesseré, Maîtres Chirurgiens, en présence desquels M. le Commissaire a tiré des boëtes, qu'il a trouvées fermées sous le sceau qu'il y avoit mis, tous les ossemens présentés, tant par ledit sieur Lebeuf, que par ledit sieur Parent ; lesquels Médecins & Chirurgiens, après avoir prêté serment, ont vû, examiné, & aparié tous lesdits ossemens, en ont fait leur rapport, dans lequel ils ont exprimé le nom de tous & un chacun desdits ossemens, & ont déclaré qu'ils ont tous une même couleur rougeâtre, une odeur résineuse & aromatique ; qui fait juger qu'ils ont été embaumés, & qu'ils estiment lesdits ossemens être d'un même corps, & n'avoir jamais été exposés aux injures de l'air ni de la terre.

Ensuite lesdits ossemens ont été renfermés : sçavoir les deux *Tibia* dans une boëte, qui après avoir été scellée, a été remise ès mains des RR. PP. DD. Tenne & du Fourni, Benedictins de l'Abbaye de S. Germain ; & le surplus desdits ossemens dans une autre boëte aussi scellée, laquelle a été remise ès mains de MM. Chevalier, le Roi, Grasset & Potel, Chanoines de l'Eglise Cathédrale, & députés à cet effet par le Chapitre de ladite Eglise ; à la charge par les uns & les autres, de représenter chacun leur boëte, toutes fois & quantes qu'ils en seroient requis.

Comparurent aussi le 30 Décembre de la même année devant M. le Commissaire, sur l'Assignation à eux donnée, les sieurs le Prince, le Fevre, Germain & Bourdeaux, Notaires & Greffiers Experts pour les vérifications d'écritures, & nommés à cet effet par l'Ordonnance de M. le Commissaire du 28 dudit mois; auxquels Experts a été présenté le billet déposé par ledit sieur Lebeuf, & qu'il avoit déclaré & affirmé être celui qui étoit cousu au sac, contenant lesdits ossemens; ensemble plusieurs Actes autentiques de l'écriture ou signature de Edme Martin, Abbé de S. Marien, depuis 1598 jusqu'en 1627, présentés par le sieur Chardon Notaire, dépositaire des anciennes minutes concernant l'Abbaye de S. Marien, pour servir de piéces de comparaison. Et après que lesdits Experts ont eu examiné tant ledit billet que lesdites piéces, au nombre de cent trente-neuf, & comparé ledit billet avec lesdites piéces, ils ont déclaré que lesdites signatures & écritures étant toutes parfaitement conformes pour la forme & la figure des lettres, leurs panchement, traits, liaisons & linéances, ils estiment évident que ledit billet est écrit en son entier de la main dudit Edme Martin, Abbé de S. Marien; lesdits Experts ayant réitéré le serment par eux déja prêté avant l'examen, ils ont affirmé leur rapport véritable, & l'avoir fait en leur ame & conscience.

Ce que nous venons d'extraire de la procédure si réguliere de M. le Commissaire, suffit pour regarder comme prouvés & incontestables trois faits biens importans.

Le premier, que les ossemens qu'il s'agit de vérifier sont tous d'un même corps: qu'ils ont tous une couleur rougeâtre & une odeur aromatique, qui marquent qu'ils ont été embaumés, & que jamais ils n'ont été exposés aux injures de l'air & de la terre.

Le second, que le billet qui a été trouvé cousu sur le sac, où étoient renfermés lesdits ossemens, est évidemment de la main d'Edme Martin, Abbé de S. Marien.

Le troisiéme, que les Religieux Prémontrés, instruits du dépôt renfermé dans le coffre de la Bibliothéque, ont rendu à ces ossemens l'honneur & la vénération que l'on rend aux Saintes Reliques connues pour telles.

Résumons, & réduisons maintenant à un certain nombre de propositions simples & précises, les conséquences naturelles qui naissent de tout ce que nous avons rapporté jusqu'ici.

ARTICLE X.

PREMIERE PROPOSITION.

Lors du pillage de l'Eglise de Saint Germain par les Huguenots, les Reliques de ce Saint, comme celles des autres, furent tirées de leur Châsse, jettées sur le pavé, receuillies par les fidéles & conservées séparément.

C'Est ce que nous avons commencé d'établir en prouvant contre le P. Viole, que les Reliques de S. Germain n'ont pas été brûlées dans la Maison d'un particulier d'Auxerre; contre D. Fournier, qu'elles ne l'ont point été dans l'Eglise; contre l'Auteur des Lettres Critiques, que le prétendu transport de ces Reliques à la Maison-blanche, n'est appuyé sur aucune preuve solide & admissible; & que ce seroit sans raison & sans fondement que l'on prétendroit, qu'après avoir été ramassées par les Fidéles sur le pavé de l'Eglise, elles furent confondues avec les autres, que l'on mit dans le creux d'un pilier des grotes. Achevons de rendre la preuve de cette premiere proposition complette & palpable par la discussion des moyens, que le dépôt en lui-même & la procédure fournissent.

ARTICLE XI.

SECONDE PROPOSITION.

Le billet d'Edme Martin Abbé de Saint Marien porte tous les caracteres d'un témoignage qui mérite qu'on ajoute foi aux faits qu'il énonce.

EDme Martin, né à Auxerre vers l'an 1567, avoit pris l'habit de Prémontré à l'âge de 15 ans; mais il ne fit Profession qu'en 1599 après avoir été pourvu de l'Abbaye de S. Marien, par Brevet du 17 Mars 1598. Il succeda dans cette Abbaye à Jean Lourdereaux son oncle, Chanoine de la Cathédrale d'Auxerre, Prieur de Sezannes, Abbé de S. Just en Beauvoisis, qui avoit pris soin de son éducation. Il fut aussi Curé de la Paroisse de Notre-Dame la D'hors annexée alors à l'Abbaye de S. Marien. Il se distingua par ses talens, & fut choisi en 1610 pour faire dans l'Eglise Cathédrale l'Oraison funébre de Henri IV. mais il se rendit encore plus recommandable par ses vertus. D. Viole dans ses Manuscrits en parle avec les plus grands éloges, & comme étant mort en odeur de sainteté ; ainsi on ne doit pas être surpris de la confiance, que lui témoignerent ceux qui avoient receuilli les Reliques de S. Germain lors du pillage de son Eglise, en lui remettant ce trésor qu'ils avoient gardé si longtems.

L'Abbé Martin reçoit ces Reliques. Il les met dans le tréfor de fon Eglife, dans un coffre fermant à clef, enfermées dans le même fac, dans lequel elles lui avoient été apportées; & fur ce fac il a foin de coudre un billet écrit de fa main, qu'il eft à propos de tranfcrire encore ici, afin d'en faire l'analyfe.

CES OSSEMENS M'ONT ÉTÉ REMIS EN MAIN PAR GENS PIEUX, ME DISANT ESTRE DES RELIQUES DE LA CHASSE DE S. GERMAIN, ET QUE ILS LES AVOIENT AMASSÉ SUR LE PAVÉ DE L'EGLISE DE SAINT GERMAIN, A L'HEURE QUE LES HUGUENOTS RUINERENT LES CHASSES D'ICELLE EGLISE. EN L'AN MIL CINQ CENT SOIXANTE ET SEPT. FAIT 1607.

Ces offemens, dit-il, *m'ont été mis en main par gens pieux.* C'eft de plufieurs perfonnes qu'il les reçoit; & ces perfonnes, il les qualifie de *gens pieux*. Il étoit d'Auxerre, il y avoit fait fa réfidence ordinaire. Il connoiffoit ces perfonnes, non-feulement de nom, ou pour les avoir vûes quelquefois; mais par le mérite de leur piété. De la part d'un homme auffi éclairé & auffi vertueux, on fent toute la valeur de cet éloge.

Me difant être des Reliques de S. Germain. C'eft ce que lui déclarent ces *gens pieux*, non fur des ouï-dire, ou comme tenant ce fait d'autres perfonnes, qui leur auroient confié ces faints offemens; mais comme les ayant *amaffés fur le pavé de l'Eglife de S. Germain, à l'heure que les Huguenots ruinerent les Châffes d'icelle Eglife.*

Par une conféquence néceffaire, ils énoncent qu'ils ont bien diftingué les offemens de la Châsse de S. Germain de ceux des autres Châsses ; qu'ils les ont soigneusement conservés, qu'ils les remettent tels qu'ils les ont eux-mêmes ramassés.

Sur quel fondement refuseroit-on d'ajouter foi à l'énoncé de ce billet, ou mémoire ? Il atteste un fait important, certifié par des témoins, à qui un homme constitué en dignité & d'une vertu reconnue rend, témoignage. Il exprime nettement & sans ambiguité, ce qu'il est nécessaire de sçavoir sur la nature du dépôt, & sur le caractere des déposans. Il tient lieu d'une déposition juridique, dans laquelle ces gens pieux n'auroient pu dire autre chose, sinon que les ossemens par eux représentés, *étoient de la Châsse de S. Germain, & qu'ils les avoient ramassés sur le pavé de l'Eglise* ; & pour s'assurer s'ils étoient irréprochables, le Juge, s'il ne les avoit pas connus par lui-même, se seroit contenté du témoignage d'un homme tel que l'Abbé Martin.

Ce billet acquiert un nouveau dégré de force & d'autorité, par sa conformité avec la tradition attestée par le Procès-verbal de la Communauté de S. Germain, & par la déclaration juridique de D. Clairé. Que dit ce Religieux ? Qu'il a appris de diverses personnes séculieres & régulieres, que les ossemens des Châsses des SS. *Germain*, Aunaire & autres pillées par les Huguenots, furent ramassés par diverses personnes dévotes. Comment s'exprime M. Baillet ? Qu'une partie des Reliques de S. Germain fut sauvée par le zéle & l'industrie d'un Catholique. Que porte le billet de l'Abbé Martin ? Les mêmes choses, & presque dans les mêmes termes. *Personnes dévotes* ou *zélées*; & *gens pieux*, sont synonimes.

de Saint Germain d'Auxerre. 57

A la vérité le mémoire, ou billet n'est pas signé ; mais étant en entier de la main de ce respectable Abbé, & l'identité d'écriture étant prouvée par un grand nombre de piéces autentiques de comparaison, n'a-t'il pas la même valeur que s'il étoit signé ? L'Abbé Martin n'a pas prétendu faire un acte juridique ; mais seulement indiquer la nature du dépôt qui venoit de lui être remis, & le caractere des personnes qui le lui avoient confié. C'est un mémoire simple qu'il dresse pour lui-même, & en cas d'accident imprévu, pour ceux qui lui succederont. Quelle nécessité y avoit-il de le signer ? Un honnête homme à qui on confieroit de l'or, ou des pierreries enfermées dans une boëte, pour être remises à quelqu'un, croiroit en faire assez pour la sûreté du dépôt, d'écrire de sa main sur un billet, que la boëte avec ce qu'elle renferme lui a été remise pour un tel, & d'enfermer sa boëte avec le billet dans un coffre fermant à clef. S'il venoit à mourir, on regarderoit comme incontestable le droit de celui qui seroit dénommé sur le billet, quoique non signé par le dépositaire ; & on seroit indigné contre l'héritier qui se prévaudroit du défaut de signature pour ne pas restituer le dépôt.

Ce qui prouve encore mieux que le défaut de signature ne rend pas toujours les actes invalides, c'est la conduite des Tribunaux, qui admettent les actes de Baptêmes, Mariages, & Sepultures, tels qu'on sçait qu'ils étoient pour la plupart avant les Ordonnances de nos Rois, qui en ont réglé la forme, sans signature ni de Témoins, ni de Curés ; & sur lesquels néanmoins on fixe l'état des familles, comme sur des preuves nécessaires, & quelquefois même uniques.

Mais, dira-t-on, plus l'Abbé Martin sera reconnu pour un homme vertueux & éclairé, plus le dépôt qui lui a été confié est riche & précieux; moins il est à présumer qu'il l'ait gardé, renfermé dans un coffre pendant 20 ans qu'il a vecu depuis la date du billet, s'il avoit été persuadé que ces Reliques fussent véritablement de S. Germain.

Voilà la difficulté la plus spécieuse & la plus forte, & même la seule raisonnable que l'on puisse opposer; mais il faut remarquer que ces sortes d'objections, qui ne détruisent point la certitude des faits, sont de foibles nuages qui ne doivent point empêcher de voir la lumière quand elle se présente. Les conjectures qui nous sont objectées s'expliquent par d'autres, dont tout l'avantage ne peut se tirer que du degré de vrai-semblance.

Ce qu'on peut dire de plus plausible, pour justifier l'Abbé Martin d'avoir gardé les Reliques qui venoient de lui être confiées, au lieu de les rendre aux Religieux de l'Abbaye de S. Germain, c'est qu'il en a été détourné par l'état pitoyable où il voyoit le Monastere, tant du côté de la conduite des Moines qui l'habitoient, à s'en tenir à ce qui en est rapporté par *II. Lett. p. 91. 92.* l'Auteur même des Lettres Critiques, que du côté des édifices, des lieux réguliers qui étoient ruinés, & principalement, des saintes Grotes & de l'Eglise même, suivant le récit de Dom *Prolog. in Gest. Pontif. Autiss.* Viole. Il dit qu'ayant remarqué en 1634, qu'à toutes les heures du jour le Peuple venoit en très-grand nombre faire ses prieres à ces Grotes, il eut de la défiance d'une dévotion qui lui paroissoit excessive & mal entendue: « Ce lieu,
„ dit-il, rempli de terre, soit par l'injure des

„ tems, soit par la négligence de nos prédéces-
„ seurs (*a*), n'avoit rien conservé de son an-
„ cienne majesté, & n'étoit capable par son
„ affreuse malpropreté que d'éloigner les Fi-
„ déles, au lieu de les attirer „. Dom Viole
fit décombler & nétoyer ces Grotes, & il eut
la consolation d'y trouver les Tombeaux des
Saints dans toute leur intégrité.

L'Abbé Martin étoit mort en 1627, deux ans avant que l'on eût introduit à S. Germain d'Auxerre la réforme, qui a rendu son ancienne splendeur à l'Eglise, aux Saintes Grotes, & au Monastere. Doit-on être surpris que ce saint Abbé, qui voyoit la confusion & le désordre de toutes choses dans cette Maison, n'ait pas crû devoir y porter le dépôt qui lui avoit été confié ?

Les Reliques ramassées sur le pavé de la Cathédrale, ne furent mises en honneur qu'en 1637 par M. Seguier, qui se plaint dans son Procès-verbal de l'état où il les avoit trouvées, dans un coin du Trésor du Chapitre : *Quasi*, dit-il, *non esset qui sepeliret*; & les Saints ossemens recueillis dans l'Eglise de S. Germain, furent long tems ensevelis dans le creux d'un pilier des Grotes, sans qu'il paroisse que les Moines à qui elles furent remises, y eussent joint aucun mémoire d'instruction ; puisqu'en 1663, on fut obligé de recourir à la tradition du Pays pour les autentiquer.

(*a*) Cùm anno 1634 adverterem plusquam quotidianis horis frequentem populum ad Cryptas Divi Germani.... causâ supplicandi confluere; cæpi diffidere huic nimiæ, ut tunc rebar, populi devotioni; maximè cùm is locus, sivè temporum injuriâ, sivè majorum incuriâ, oppletus terrâ, nihil antiquæ majestatis præ se ferret, suâque, ut ita dicam, fœditate, vota supplicantium arcere videretur. *Dom. Viole* ubi suprà.

Tous ces faits peuvent au moins servir à montrer que le silence gardé sur les Reliques de S. Germain, ne doit pas paroître si surprenant; & encore moins autoriser par ce seul prétexte d'abandonner le dépôt de S Marien, dont l'état se trouve pour le moins aussi-bien établi que celui des ossemens cachés dans le pilier des Grotes, & qui sont actuellement dans les Châsses de l'Eglise de S. Germain; puisqu'il a été certifié par un mémoire qui est parvenu jusqu'à nous.

Au reste, nous l'avons déja insinué, & nous le disons encore plus positivement; on n'est pas obligé dans une procédure de vérification de creuser les motifs des actions sur lesquelles il n'est pas possible de se procurer quelque éclaircissement. Ces motifs peuvent, sans que nous le sachions, avoir été justes, raisonnables & fondés sur les circonstances des tems & des personnes, dont les mémoires ne nous instruisent point; mais que l'on suppose, si l'on veut, que l'Abbé Martin devoit manifester le dépôt qui lui avoit été confié, c'est un raisonnement plus ou moins hazardé, qui ne doit point influer dans une information de purs faits, comme celle dont il s'agit, & ne peut par conséquent nuire à la vérité du dépôt. Le fait est que l'Abbé Martin, à qui on ne peut faire aucun reproche légitime & fondé, a reçu ce dépôt; qu'il en a tenu un mémoire simple & exact, & qu'il l'a gardé dans son Abbaye. C'est tout ce qu'il est essentiel de sçavoir, pour reconnoître ces Reliques : car une reconnoissance de cette nature s'établit sur des faits, non sur des raisonnemens & des preuves de droit.

Enfin, & ceci est décisif, conclure du silen-

de Saint Germain d'Auxerre

ce de l'Abbé Martin, qu'il n'a pas cru que les Reliques qui lui ont été confiées, venoient de la Châsse de S. Germain, c'est raisonner contre un fait par un motif controuvé. C'est vouloir par une simple conjecture détruire une preuve par écrit. On raisonne plus juste & plus conséquemment en disant: Si l'Abbé Martin avoit eu pour suspects les ossemens qui lui étoient apportés comme étant des Reliques de S. Germain, il n'auroit pas reçu le dépôt, il n'auroit pas autentiqué par son écriture la déclaration qui lui étoit faite, ou il auroit exprimé son doute sur le billet. Il étoit trop vertueux & trop éclairé, pour laisser un mémoire écrit de sa main, capable de jetter dans l'erreur sur une matiere aussi importante & aussi sacrée. Depuis la vérification de l'écriture, le billet de l'Abbé Martin parle aujourd'hui pour lui, & nous certifie, que *des gens pieux lui ont mis en main des ossemens, qu'ils ont dit être de la Châsse de S. Germain, & les avoir ramassés eux-mêmes sur le pavé de l'Eglise, à l'heure que les Huguenots ruinerent les Châsses d'icelle.* Il n'en a pas fallu davantage à M. Amyot & à M. Seguier, pour autentiquer les Reliques de Notre-Dame la D'hors & de la Cathédrale, & pour les exposer dans des Châsses au culte & à la vénération des Fidéles. La tradition du Pays parut suffisante pour celles de l'Eglise de Saint Germain.

ARTICLE XII.

Troisie'me Proposition.

La déclaration de ceux que l'Abbé Martin qualifie de gens pieux, ne peut être suspecte; & leur témoignage, appuyé de celui du respectable Abbé, doit être reçu.

1°. Ils sont plusieurs & au moins deux, ils déposent de leur propre fait; ils disent ce qu'ils ont vû & ce qu'ils ont fait, leur récit est simple & naïf. Ils étoient présens quand les Huguenots pillerent la Châsse de S. Germain & en jetterent les Reliques par terre. Ils ramasserent ces précieuses Reliques; & après les avoir gardées dans leur maison, ils les remettent à un Prêtre constitué en dignité, & recommandable par sa vertu.

2°. Ils sont d'un âge compétent pour déposer. Il y avoit 40 ans qu'ils avoient receuillis ces Reliques sur le pavé de l'Eglise de S. Germain; ils pouvoient avoir lors du pillage 20 à 25 ans.

3°. Ils sont domiciliés & connus de celui à qui ils confient le dépôt, puisque lui-même leur rend témoignage par la qualité de *pieux* qu'il leur attribue; & qui par là donne à leur déposition la force & le poids nécessaires pour être admises & faire foi.

4°. (Et ceci mérite une attention particuliere), les Témoins ne déposent pas d'un fait, qui dût paroître singulier & extraordinaire. Ils ne disent que ce qui étoit connu par la tradition du Pays, dont l'Abbé Martin ne pouvoit manquer d'être inftruit ; fçavoir, que les Reliques éparfes fur le pavé de l'Eglife de S. Germain, avoient été ramaffées par des Fidé- les ; tradition qui, comme nous l'avons vû, a été conftatée par des actes autentiques.

5°. Leur témoignage eft auffi admiffible que celui *des Fidéles*, qui rapporterent les Reliques de S. Vigile, ramaffées dans l'Eglife de S. Ma- rien, ou Notre Dame la D'hors, & vérifiées par M. Amyot. Leur dépofition n'eft pas plus recufable que celles *des Chrétiens religieux & zélés*, qui recueillirent les Reliques de plu- fieurs Saints dans la Cathédrale, qui ont été vérifiées par M. Seguier. Ils ne doivent pas être plus fupects que ces *perfonnes dévotes*, qui remirent aux Moines de S. Germain les Re- liques ramaffées dans leur Eglife. Ces Reliques ont été reconnues fur le fimple récit & déclara- tion de ces perfonnes qui les ont rapportées, en difant qu'ils les avoient ramaffées fur le pa- vé de l'Eglife, dans le tems que les Huguenots pilloient les Châffes ; on les a crus fur leur pa- role. Les Témoins de l'Abbé Martin tiennent le même langage ; pourquoi ne mériteroient- ils pas la même croyance ?

6°. Pour fufpecter des Témoins, pour re- jetter leur témoignage, à plus forte raifon pour les accufer de faux, il faudroit être en état de leur faire des reproches légitimes & fondés, qui attaqueroient leur bonne foi & leur probi- té. Au moins faudroit-il pouvoir les foupçon- ner de quelque intérêt perfonnel, d'avoir vou- lu fe faire honneur d'un fi précieux tréfor con- fervé par leurs foins & fidélement rendu, ou d'avoir efperé en tirer quelque avantage ; mais nos témoins font entierement à l'abri du plus leger foupçon. Ils n'ont pas même voulu être nommés ; ils n'ont confié leur fecret qu'à un homme feul, dont l'autorité fuffifoit pour donner du poids à leur déclaration. Toute leur ambition a été de mettre le précieux dépôt en mains & en lieu fûrs. De tels hommes peuvent-ils être foupçonnés d'une impofture auffi criminelle & auffi facrilége que de préfenter comme étant de S. Germain, des Reliques qu'ils fçauroient n'en être pas ; ou même de certifier un fait de cette importance, dont ils ne feroient pas abfolument certains ?

Il eft vrai qu'ils ont gardé ces Reliques pendant 40 ans, & qu'ils n'ont pas imité l'exemple de leurs compatriotes, qui furent plus prompts à rapporter les Reliques qu'ils avoient recueillies.

Ce feroit un reproche valable, ou au moins un fujet bien fondé de défiance, fi les dépofans n'avoient pas été bien connus du dépofitaire ; s'ils avoient eu quelque intérêt à la chofe, ou fi leur déclaration avoit pu être préjudiciable à un tiers, parce qu'ils feroient cenfés n'avoir différé fi long-tems à produire le dépôt, que pour s'affurer de n'être pas contredits ; mais nous avons prouvé par le témoignage de l'Abbé Martin & par les faits, que dans le cas dont il s'agit, ces exceptions ne peuvent avoir lieu.

Mais, ajoute-t-on, comment des gens véritablement pieux, ont-ils pu fe croire permis de garder chez eux un tréfor auffi précieux, auffi refpectable, auffi faint, les Reliques en un mot du grand S. Germain ? Ils ne pouvoient ignorer, quelque fimples qu'on les fuppofe, que ces Reliques devoient être remifes dans le Temple du Seigneur, pour y être honorées ; &
que

que de les garder ainsi cachées, c'étoit manquer au respect qui leur est dû & à un devoir de religion.

Nous ne pouvons deviner les motifs de la conduite de ces gens qualifiés pieux par un homme de bien, & qui par conséquent doivent avoir la présomption en leur faveur. On ne peut que conjecturer, & d'abord il est à présumer que pendant plusieurs années ils ont pu être arrêtés par la crainte d'une nouvelle invasion de la part des Huguenots. Cette crainte a été légitime & fondée long-tems après le pillage de 1567. On en a une preuve bien sensible dans les précautions prises par les Religieux de S. Germain, pour cacher les Reliques qui leur avoient été rapportées, & qu'ils renfermerent dans le creux d'un pilier des Grotes, n'y mettant pour toute indication qu'une Croix sur la pierre qui en fermoit l'ouverture. L'Auteur des Lettres Critiques la traite de frivole & d'imaginaire, & il s'autorise de Mezerai. On pourroit citer plusieurs endroits de cet Historien, qui prouvent tout le contraire de ce que l'Auteur de ces Lettres lui fait dire; mais cela n'est point nécessaire, & il doit suffire de remarquer. 1°. Que plus les gens pieux de l'Abbé Martin se sont exposés pour sauver les Reliques de S. Germain; plus elles leur ont été cheres & précieuses, plus ils ont dû appréhender de les voir exposées de nouveau à la fureur des Hérétiques. En second lieu l'état du Monastere de S. Germain, tel que nous l'avons rapporté, peut avoir empêché les gens pieux de rendre ces Reliques aux Religieux. Ensuite se reprochant de les avoir trop long-tems gardées, ils ont pris le parti de les confier à l'Abbé Martin, qui peut-être étoit leur Curé, ou même leur Confesseur. Il n'y a rien en tout cela que de très-vraisemblable. Ils peuvent avoir eu d'autres motifs, qu'il seroit aussi inutile de vouloir pénétrer, qu'injuste d'en demander raison. Ils auront eu tort, si l'on veut, dans le silence qu'ils ont gardé ; mais cela ne touche ni aux Reliques, qu'on ne peut dire avoir changé de nature, parce qu'elles n'ont pas été restituées, ou manifestées dans le tems qu'elles auroient dû l'être ; ni à la validité de la déclaration qu'ils ont faite, & du témoignage que l'Abbé Martin leur a rendu.

Il est de principe qu'on doit admettre la déposition de plusieurs témoins qui s'accordent sur le même fait, lorsqu'ils déposent de ce qu'ils ont vu, ou fait ; qu'ils n'ont aucun intérêt à la chose, & qu'ils ne peuvent être légitimement reprochés. On a prouvé que ces caractères se réunissent sur les gens pieux de l'Abbé Martin.

Argou. Preuv. & présompt. T. 2. Chap. 19.

Il n'est pas moins incontestable que « l'on » permet la preuve par témoins d'un dépôt » nécessaire, comme d'un dépôt fait en tems » de tumulte, de ruine, d'incendie, ou de nau- » frage, & pour les faits qui sont indépen- » dans de la convention des parties. » C'est précisément le cas de nos témoins ; & tout ce que nous en avons dit dans cet Article, n'est que l'application simple & naturelle de ces maximes universellement avouées & reconnues.

ARTICLE XIII.

Quatriéme Proposition.

Les ossemens confiés à l'Abbé Martin ont été fidéle-ment conservés dans l'Abbaye de Saint Marien.

CETTE Proposition n'a souffert, & ne peut souffrir aucune difficulté, l'Abbé Martin ayant pourvu à la conservation & à l'autenticité des Reliques qui lui avoient été confiées, par son billet & par le cofre fort où il les enferma. Ce dépôt ne s'est trouvé exposé à aucun mouvement ; il n'a été transporté nulle part. C'est dans la même Ville, dans la même Maison, dans la même Communauté, & sous la garde successive des Prieurs & Religieux, que ces ossemens se trouvent toujours. L'unique mouvement qu'ils peuvent avoir éprouvé, c'est du lieu du trésor, ou Sacristie de S. Marien, dans la Bibliotéque de la même Maison où ils ont été découverts. Mais ce déplacement ne peut faire naître aucun doute. Il est tout naturel que la chûte du clocher en 1627, ayant endommagé le bâtiment du Trésor, on ait été obligé de transporter ailleurs ce qui y étoit. Le cofre qui renfermoit les Reliques fut porté dans la Bibliotéque où il est resté ; & où les Religieux qui se sont succédés, ont toujours témoigné leur respect & leur vénération pour ces saints ossemens, jusqu'au moment de la découverte de M. Lebeuf.

Comment s'est-il pu faire qu'aucun de ces Prieurs & Religieux n'ait pensé à manifester ces Reliques ; qu'ils n'en aient point parlé à

M. Seguier, qui vérifia celles de la Cathédrale & de S. Germain, ou à quelqu'un de ses successeurs? C'est ce qui ne pourroit se concevoir, ni s'imaginer, si on n'avoit pas des exemples qui rendent ces sortes d'événemens moins extraordinaires. Nous avons vu que les Reliques de la Cathédrale furent très-négligées pendant 68 ans; que celles de l'Eglise de S. Germain furent près de cent ans sans être vérifiées. A Bouy Paroisse du Diocèse d'Auxerre, on avoit trouvé le Chef de S. Pelerin dans les fondemens d'un vieil Autel, dans l'endroit même où il fut décapité. M. de Broc Evêque d'Auxerre, fit aparier ou confronter ce Chef en 1645, avec le corps qui est à S. Denis. Il fut dit & certifié que c'étoit la tête & le corps d'un même homme; & par conséquent que c'étoit véritablement le Chef de ce grand Martyr Fondateur de l'Eglise d'Auxerre. Cependant M. de Broc, qui ne mourut qu'en 1671; ni M. Nicolas Colbert, si recommandable par son éminente piété, mais qui ne fut Evêque d'Auxerre que quatre à cinq ans; ni M. André Colbert, qui pendant un Episcopat de 29 ans observa religieusement la résidence, & visita fort exactement son Diocèse, aucun de ces Evêques n'exposa à la vénération des Fidéles cette Relique si chere & si précieuse à tout le Diocèse. La cérémonie n'en a été faite qu'en 1715, par M. de Caylus actuellement Evêque d'Auxerre.

Mais comme on ne peut trop l'observer, dans une recherche de faits, on ne doit point s'arrêter à des motifs de conduite ou de silence, qui y sont étrangers; ni à la bizarrerie, si l'on veut, ou à la négligence de ceux qui auroient dû manifester ce qu'ils ont tenu dans le secret. On a trouvé un dépôt précieux avec un mémoire qui en indique la nature & l'origine. Tout l'examen à faire par rapport aux gardiens du dépôt, c'est 1°. s'ils l'ont honoré comme faint & précieux. Le P. Chanfi en est un garant sûr & au-deflus de tout soupçon. 2°. S'ils ne l'ont ni altéré, ni changé, ni rendu suspect par différens déplacemens & transports en d'autres mains. Et c'est ce que nous croyons pouvoir assurer sans craindre d'être contredits par quelque objection qui ait la moindre vraisemblance. Examinons à présent le dépôt en lui-même par les caractères qui lui sont propres & intrinseques.

ARTICLE XIV.

CINQUIE'ME PROPOSITION.

Les offememens confiés à l'Abbé Martin, & conservés dans le cofre de Saint Marien, paroissent avoir toutes les qualités des offemens de Saint Germain.

Nous avons prouvé la validité du témoignage de l'Abbé Martin, consigné dans le billet qu'il a laissé, & de celui des gens pieux, qui lui ont confié le précieux dépôt qu'il s'agit d'autentiquer. Examinons maintenant ce dépôt en lui-même, & voyons par les indications que nous fournissent les Auteurs anciens, si les offemens trouvés dans le cofre de S. Marien sont tels, qu'avec le témoignage qui leur est rendu par le billet, on puisse dire avec fondement qu'ils sont véritablement les offemens de S. Germain.

Ces Auteurs dont nous avons rapporté les

textes au prémier Article de ce Mémoire, nous difent, que le Corps de S. Germain fut embaumé à Ravennes immédiatement après fa mort qui arriva le 31 Juillet; & comme il le fut par les ordres de l'Empereur & de l'Impératrice, dans les plus grandes ardeurs de la canicule, & pour être tranfporté à plus de 200 lieues, les parfums les plus rares n'y furent point épargnés. Ces Auteurs ajoutent que 400 ans après, l'Empereur Charles le chauve fit mettre dans le cercueil du Saint, dont le corps étoit encore dans fon intégrité, une grande quantité de baume & de parfums précieux. Ils nous apprennent encore que le corps du Saint fut toujours ou dans un Tombeau de pierre, enfermé dans fon cercueil de Cyprès, ou dans une Châffe. Or il eft conftaté par le rapport des Médecins & Chirurgiens du 10 Décembre 1751, « que tous les offemens du dépôt de S.
» Marien ont une odeur réfineufe & aromati-
» que & une même couleur rougeâtre, qui
» fait juger qu'ils ont été embaumés ; & que
» jamais il n'ont été expofés à la pluie & aux
» injures de l'air & de la terre. »

D'autres Auteurs nous affurent que le Corps de S. Germain, étoit encore fain & entier, *integrum & incorruptum*, au milieu du onziéme fiécle; que l'enlévement furtif d'un doigt de ce faint, fit prendre les plus grandes précautions pour empêcher qu'on ne pût y toucher à l'avenir; enforte que les plus legéres diftractions de fes offemens furent très-rares dans le treiziéme fiécle, & que jufqu'à la fin on fut très-jaloux dans l'Abbaye de S. Germain de conferver ce corps faint dans fon intégrité, ou qu'il n'en fût accordé que de petits offemens,

de Saint Germain d'Auxerre.

à l'exception de la tête que l'on prétend avoir été accordée au Pape Urbain V pour l'Eglise de Montpellier : or à ce Chef près, le dépôt de S. Marien renferme presque tout ce qu'il y a de considérable dans le corps humain. En voici l'énumération copiée d'après le rapport des Médecins & Chirurgiens du 10 Décembre 1751.

Deux Omoplates ; la droite & la gauche.
La Clavicule droite.
Six fragmens de Côtes. Sçavoir trois côtes appellées vraies, dont deux du côté droit & une du côté gauche. Une côte appellée fausse, du côté droit, & deux fragmens.
Trois Vertébres du col, dont deux tiennent ensemble.
Une Vertebre du dos.
Trois Vertebres des lombes.
L'os *Sacrum* un peu écorné du côté gauche.
Les deux os des Iles.
Les deux *Femurs* entiers.
Le *Tibia* droit entier.
Le *Tibia* gauche manquant d'environ un quart de sa partie inférieure.
Les deux *Humerus*, le droit & le gauche.
Le *Cubitus* gauche.
Le *Calcaneum* gauche.
Le premier Os du métatarse, qui répond au pouce du pied droit.
Deux autres Os du métatarse.
Un Os du métacarpe de la main droite.
Ces ossemens ainsi nommés & comptés, les Médecins & Chirurgiens déclarent, qu'ayant aparié les cavités cotyloïdes des os des Iles, avec les têtes des *Femur*, & la jointure des deux *Femur* avec les deux *Tibia* ; l'os *Sacrum* avec les deux os des Iles & les trois Vertebres des

E iv

lombes avec l'os *Sacrum*, ces offemens se rapportent parfaitement enfemble, & ils jugent qu'ils font d'un même corps. Ayant enfuite aparié les deux *Humerus* avec les deux Omoplates, & le *Cubitus* gauche avec fon *Humerus*, ils les déclarent auffi d'un même corps. A légard des autres offemens, qui font, difent ces Experts, ifolés & ne peuvent s'aparier, ils déclarent qu'ayant une même proportion avec ceux qu'ils ont apariés, ainfi qu'une même couleur & une même odeur, ils leur paroiffent appartenir à un même corps.

<small>Mirac. S. Ger. Cap. 5. ep. Boll. 11 Mj. 62.</small>

Enfin nous apprenons par Héric, que S. Germain étoit *d'une figure & d'une preftance noble & majeftueufe*, mais *d'une moyenne taille*. (*a*) Ce faint Religieux le rapporte d'après une vifion dans laquelle notre faint apparut à une jeune fille muette, à laquelle il rendit l'ufage de la parole dans la Chapelle du Château, qui portoit alors le nom de vieux Palais, près Rouen. Miracle éclatant, dont l'Empereur Charles le chauve & toute fa Cour furent témoins. Ceux qui avoient eu le bonheur de toucher le corps du Saint, lorfque quelques années auparavant il avoit été transféré d'un tombeau dans un autre en préfence du même Prince, déclarerent que S. Germain étoit véritablement tel que cette fille difoit l'avoir vu. Or il eft certain & conftaté par le témoignage de plufieurs Médecins & Chirurgiens, que les offemens trouvés dans le cofre de S. Marien font les offemens d'un corps de moyenne taille.

(*a*) Perfonam fe vidiffe teftabatur vultûs dignitate fplendidiffimam, ftaturâ mediocrem.... hæc & alia dixit fe in eo notaffe figna, quæ nonnulli eorum, qui ejus corpus, cùm transferretur, quondam tractare meruerunt, quam fimillimè fe afferunt perfpexiffe. *Heric*.

Quand nous n'aurions d'autre preuve à produire que la presque totalité des offemens d'un même corps, d'un corps de moyenne taille, d'un corps portant l'empreinte d'embaumemens, & trouvé dans la même Ville où fa Châsse a été pillée ; cette seule preuve suffiroit avec une simple indication du nom de S. Germain, pour persuader & convaincre que ce sont véritablement les Reliques de ce grand Saint. Elle porte avec elle un caractére de vérité si remarquable & si frappant, qu'il n'est gueres possible de s'y refuser. Il ne paroît ni par l'Histoire des Saints d'Auxerre, ni par quelque monument que ce soit, qu'aucun autre des corps Saints, qui y sont conservés en si grand nombre, ait été embaumé.

Lorsque Dom Clairé & ses Religieux mirent dans des Châsses une partie des Reliques sauvés du pillage de leur Eglise, la cérémonie se fit avec le plus grand appareil, en présence de toute la Ville assemblée. Les saints offemens au nombre de deux cens, furent apportés des Grotes. Le Célébrant avant que de les placer dans la Châsse, qui étoit devant lui sur une crédence, élevoit chaque offement pour le faire voir ; & les Sieurs Jodon Docteur en Médecine, & Maldan Me Chirurgien, nommoient à haute voix cet offement, qu'ils déclaroient être d'un corps humain. Si dans ce grand nombre d'offemens, il s'en étoit trouvé qui eussent la couleur & l'odeur de l'embaumement, ce sçavant Médecin, ce Chirurgien célébre n'auroient pas manqué de le faire observer, & cette circonstance n'auroit pas été oubliée dans le Procès-Verbal (*a*).

Procès-Verbal de transl. 30. *Juillet* 1663.

(*a*) Celebrans habens anté se grandiorem capsulam aper-

Sur quoi pourroit-on à préfent fonder, ou appuyer des incertitudes & des doutes contre la réunion de ces caractères diftinctifs des véritables Reliques de S. Germain, la prefque intégrité des offemens d'un même corps & d'une moyenne taille avec l'empreinte des embaumemens ? Comment à plus forte raifon pouvoir imaginer de la fraude & de la fupercherie dans ceux qui ont rapporté ce précieux tréfor ? Pour le feul plaifir de tromper & d'en impofer, auroient-ils été chercher dans un Cimetiere un cadavre défféché ? Mais par quel hazard ce cadavre paroît-il aux Experts n'avoir jamais été expofé aux injures de l'air ni de la terre ? Par quel artifice lui a-t-on donné l'odeur & la couleur d'un corps embaumé ? Si on dit que ces gens ramafferent véritablement des offemens épars dans l'Eglife de S. Germain, ou dans d'autres, & qu'ils les donnerent comme étant de S. Germain, quoiqu'ils n'en fuffent pas affurés ; fans avoir recours à la maxime de droit, qui défend de fyncoper, ou de divifer une dépofition, qui doit toujours être ou admife ou rejettée en entier, nous nous bornons ici à demander comment il a pu arriver que ces offemens recueillis au hazard, fe trouvent tous être d'un même corps, avoir tous la même odeur, la même couleur, & indiquer une moyenne taille ?

Il eft donc bien prouvé, non-feulement que

---

tam, fuper credentiam decenter pofitam, circonftante choro & ingente populi frequentiâ, maximâ cum reverentiâ ex dicto ferico fingillatim facra SS. eduxit offa, elevans & palàm oftendens quodlibet ; iifque à Dom. Jodon Doctore Medico & Magiftro Maldan infigni Chirurgo, voce elatâ propriis vocabulis nominatis : ac ipfis afferentibus effe ex humanis corporibus, partim integra, partim fragmenta ad numerum ducentorum, in dictam capfam depofuit.

nos témoins n'en ont pas imposé dans la déclaration qu'ils ont faite à l'Abbé Martin, mais encore qu'ils n'ont pu tromper en disant que c'étoit les ossemens de S. Germain. Le témoignage qui est rendu à leur sincérité & à leur droiture par le dépôt lui-même, ajoute un nouveau dégré de certitude à celui que leur rend ce vénérable Abbé.

ARTICLE XV.

Sixiéme Proposition.

Les ossemens qui sont honorés en différentes Eglises sous le nom de S. Germain, ou ne sont pas du saint Evêque d'Auxerre, ou ne sont pas les mêmes qui ont été trouvés dans le dépôt de S. Marien; ou ne sont que des parcelles, qui ne pourroient être apariées aux ossemens dont on a fait la découverte.

Nous pourrions nous dispenser d'entrer en preuve sur cette proposition; & quoi qu'en disent les Jésuites d'Anvers, s'il se trouve dans quelque Eglise un ossement sous le nom de S. Germain, qui soit le même que l'un de ceux qui ont été trouvés dans le cofre du Trésor de S. Marien, nous pourrions assurer que l'ossement gardé dans cette Eglise, n'est pas de S. Germain Evêque d'Auxerre. Qu'on le remarque bien, nous sommes sur notre terrein, s'il est permis de s'exprimer ainsi; nous sommes sur le lieu qui a possédé pendant tant de siécles le corps de ce Saint. Nous avons possession acquise même par titres, la fin de non-recevoir est certainement admissible en notre faveur. Les Reliques de S. Germain nouvellement découvertes, n'ont éprouvé de mouvement depuis le pillage de son Eglise, que de cette Eglise dans la Maison de gens pieux demeurans à Auxerre, qui les ont gardées sous un religieux secret; & de leur Maison dans celle de l'Abbaye de S. Marien, où elles ont été trouvées avec des indications qui ne peuvent faire craindre de méprise, ni permettre le moindre doute. On n'a eu aucun soupçon par rapport aux saintes Reliques sauvées de ce même pillage, & actuellement honorées dans l'Eglise Cathédrale, dans celles de S. Germain & de Notre-Dame la D'hors. Celles du dépôt de S. Marien remontent à la même origine; elles n'ont de différence que le délai de la manifestation, & elles portent des caracteres distinctifs, qui leur donnent un avantage que les autres n'avoient pas.

Mais comme nous ne cherchons que la vérité, & que notre objet dans ce Mémoire est d'aller au devant des difficultés & des doutes, pour peu qu'ils soient légitimes, pour les éclaircir & les lever, nous ne craignons pas l'examen le plus rigoureux; & nous consentons à toutes les épreuves qu'on peut raisonnablement proposer. C'est pour se mettre en état de satisfaire les plus scrupuleux sur cet article, que M. l'Evêque d'Auxerre écrivit dès les premieres années de la découverte du dépôt de S. Marien, à la plupart des Eglises qui se glorifient d'avoir des Reliques de S. Germain; & que désirant de plus grands éclaircissemens, il pria M. Lebeuf de voir & d'examiner par lui-même ces Reliques, & les monumens qui en pourroient prouver l'autenticité. M. Lebeuf entreprit pour cela plusieurs voyages, qu'il ne put faire que dans un long intervalle de tems, ayant été occupé de différens ouvrages qu'il a donnés au Public.

Avant de rapporter la liste des Eglises qui prétendent avoir des Reliques de S. Germain, & de faire sur chacune nos observations d'après les réponses de ces Eglises, les certificats des Médecins & Chirurgiens, les recherches de M. Lebeuf, & conformément à ce qu'il a dit & déposé devant le Commissaire nommé par M. l'Evêque, nous croyons devoir établir comme certain & incontestable.

1°. Que toute Relique prétendue de S. Germain, & dont la possession seroit antérieure à l'année 1050, doit être dès lors regardée comme n'étant point du saint Evêque d'Auxerre : puisqu'il est prouvé par des témoins oculaires, que lors de la distraction furtive du doigt du milieu de la main droite, faite en ladite année par le Religieux Sacristain de l'Eglise de S. Germain, le corps Saint étoit entier, & n'avoit point éprouvé de corruption, *integrum & incorruptum*; & que cette distraction est la premiere qui eût été faite, depuis que le corps de S. Germain avoit été apporté de Ravennes.

2°. Que tout acte postérieur au pillage de l'Eglise de S. Germain en 1567, ne peut être opposé pour justifier la possession de quelque ossement de ce Saint, qu'on n'auroit eu que depuis cette époque ; puisque depuis ce funeste événement, on n'est parvenu nulle part à reconnoître juridiquement le corps de S. Germain.

3°. Qu'il seroit tout-à-fait injuste d'exiger que les Reliques de S. Germain, trouvées dans le dépôt de S. Marien, soient comparées avec

Bolland. tous les offemens du même Saint, *Cum aliis omnibus ejusdem sancti ossibus*, que différentes Eglises possedent de tems immémorial : ce seroit vouloir par une condition arbitraire réduire à l'impossible. L'équité demande que l'on se contente de l'examen & de la comparaison des Reliques, dont la possession seroit établie sur des actes & monumens autentiques, ou du moins sur une tradition ancienne & recevable ; & qu'on ne nous oblige pas à discuter les prétentions de tant d'Eglises, qui sans aucun titre que celui de la bonne foi, croient posseder des Reliques de S. Germain Evêque d'Auxerre. Les recherches pour découvrir toutes ces Eglises & Chapelles seroient interminables.

4°. Que la comparaison, ou l'apariement des offemens les uns aux autres, ne peut avoir lieu qu'entre de grands offemens, & qui se seroient conservés dans leur intégrité. Les plus célébres Médecins & Chirurgiens, tels que MM. Vinslou, Morand & autres, consultés, jugent qu'en fait de vérification la voie des apariemens avec de petites portions d'offemens est très-fautive, s'il n'y a section d'un même offement à comparer. Et en effet, seroit-ce une voie juste & naturelle pour parvenir à la vérification désirée, que de vouloir comparer presque tout le corps de S. Germain, conservé dans sa Ville, avec de petites portions éparses dans le Royaume ? La prétention seroit absurde & chimérique. L'objet capital & essentiel, est d'établir la foi due à la conservation du principal, & cet objet est rempli. *La fraude & la* *De pignor.* *supercherie*, dit Guibert Abbé de Nogent (*a*),

---

(*a*) Cùm non de integris Sanctorum corporibus tantæ quantæ de membris & membrorum particulis fraudes fian. *Guib.*

est bien plus rare & plus difficile, pour supposer un corps entier, que pour supposer quelques membres, ou portion de membres. Sanct. Liv. I, Chap 3.

5°. Que dans les Gaules on honore d'un culte particulier sept autres Saints, qui portent le nom de S. Germain : sçavoir S. Germain Evêque de Besançon, S. Germian Evêque regionaire, mort entre Amiens & Rouen ; S. Germain Evêque de Paris, S. Germain frere de S. Gibrien, entre Châlons & Verdun ; S. Germain solitaire en Auvergne, S. Germain de Granfeld au Docèse de Bâle, & S. Germain de Taloire au Diocèse de Geneve. Les Reliques de ces différens Saints ont pu être dispersées en plusieurs Eglises, où par la suite des tems elles ont été honorées sous le nom du grand S. Germain Evêque d'Auxerre, comme le plus célèbre par ses vertus, & sur-tout par ses miracles.

Après ces observations, entrons dans l'examen & la discussion des Reliques dispersées en plusieurs Eglises, qu'on pourroit nous objecter. En voici le Catalogue.

1°. A S. Vannes de Verdun, la partie inférieure du *tibia* droit.

2°. Au Val de Miege, Diocèse de Besançon, le *cubitus* du bras gauche.

3°. A Cezens, Diocèse de S. Flour, un bras entier avec la main, excepté le pouce & le doigt *index*.

4°. A Cuza, Diocèse de Perpignan, un bras ; & un autre bras à Cologne.

5°. A Clugny, une portion d'omoplate.

6°. A Modeon, un *radius* gauche entier.

7°. A Chessy, Diocèse d'Orléans, quelques portions de côtes.

8°. Au Village de Grom près de Sens,

dans l'Eglife du nom du Saint, une portion de côte.

9°. A S. Germain de Lambron, petite Ville d'Auvergne, une portion de côte.

10°. A Vitaux en Bourgogne, une fauffe côte.

11°. A Monfaucon Diocèfe de Reims, une phalange du pouce de la main droite.

12°. A Buzancy, Diocèfe de Reims, un os long comme un article de doigt.

13°. A Saint Germain de la Châtre, Diocèfe de Bourges, le doigt annulaire.

14°. A Rutile, une phalange d'un doigt du pied.

15°. A Châtel S. Germain, Diocèfe de Metz, une portion du peronée.

16°. A S. Germain l'Auxerrois, dans Paris, quelque portion d'os.

17°. A S. Julien d'Auxerre, un éclat d'offement.

18°. A S. Germain d'Auxerre, une petite portion de l'os d'un bras du côté du coude.

19°. A Corbie, à Compiegne, à S. Remi de Reims.

19°. A Beauvais partie du crâne ; à Conches, à S. Germain Faubourg de Compiegne, à Montpellier.

Si on compare les offemens dont nous venons de faire l'énumération, avec ceux qui ont été découverts à S. Marien en 1717, on trouvera que de tous ceux énoncés ci-deffus, on ne peut leur oppofer que les Reliques de S. Vannes, de Miege, de Cezens, de Cufa, & de Cologne, & de l'Abbaye de Clugny. Ce font les feules Eglifes où l'on croit avoir quelques offemens, qui font les mêmes que quelques-uns

de Saint Germain d'Auxerre.

uns de ceux du dépôt qu'il s'agit de vérifier ; ou des portions de ceux du même dépôt. C'est ce qu'il faut discuter avec soin.

On compte parmi les offemens découverts à S. Marien un *tibia* droit entier, & le gauche qui manque d'un quart de sa partie inférieure. On montre à S. Vannes de Verdun une Relique qu'on dit être de S. Germain, & qui est la partie inférieure du *tibia* droit, longue de trois pouces & demi. (Dom Viole, Vie de S. Germain Chap. XXVIII. pag. 207, dit que c'étoit *un os de l'un des bras.*) Le même offement, dira-t-on, est donc entier dans le dépôt de S. Marien, & en partie dans le Reliquaire de S. Vannes.

I. S. Vannes de Verdun.

La réponse à cette objection est facile. On a joint aux piéces de la procédure, une lettre du Prieur de S. Vannes de Verdun à M. l'Evêque d'Auxerre, en date du 7 Septembre 1727, dans laquelle il assure qu'on conserve la Relique en question dans le trésor de son Eglise, depuis le neuviéme siécle ; mais sans aucuns titres ni procès-verbaux. La prétendue tradition alleguée par le Prieur de S. Vannes, est donc évidemment contraire à la vérité de l'Histoire, qui ne permet pas d'admettre aucune distraction d'offement de S. Germain avant 1050 ; & la Relique qu'on montre à S. Vannes, comme de S. Germain d'Auxerre, sans titres & sans procès-verbaux de l'aveu du Prieur, ne peut par conséquent être du S. Evêque d'Auxerre.

Le rapport d'un Médecin & d'un Chirurgien, qui ont examiné la Relique de S. Vannes le 3 Septembre 1727, porte que l'os est d'un corps de haute stature ; ce qui fournit une

F

nouvelle preuve, qu'il ne peut être du corps de notre Saint, qui étoit certainement de taille médiocre.

II. Val de Miege.

La seconde Relique que l'on objecte contre le dépôt de S. Marien, est celle qu'on voit dans l'Eglise Collégiale de Nozeray, Diocèse de Besançon, à laquelle le Prieuré de Miege a été réuni. Dom Viole a cru que c'étoit le *cubitus* du bras gauche, lequel fait partie des ossemens à vérifier. C'est sur ces deux *cubitus* du bras gauche qu'on fonde l'objection; mais on a produit dans la procédure un certificat du sieur Garnier, Chirurgien de l'Hôpital de Nozeray, daté du 29 Mai 1739, qui porte que la Relique de Miege est le *radius*, ou petit os de l'avant-bras droit, ayant sept pouces quatre lignes de longueur, les épiphises dudit os ou ses extrémités ayant été enlevées. Selon ce certificat l'objection tombe; puisque le *radius* de l'avant-bras droit, n'est point compris dans le nombre des ossemens qui occasionnent la présente information.

Une lettre du sieur Champereuse, Doyen du Chapitre de Nozeray, à M. l'Evêque d'Auxerre, datée du 8 Octobre 1739, & produite au procès, assure la même chose, & s'exprime comme le sieur Garnier. Elle ajoute qu'il y a plus de huit siécles que l'Eglise de Miege possede cette Relique; mais qu'on n'a aucun autentique au soutien de cette tradition, qui se trouve par cet aveu aussi insoutenable que celle de S. Vannes de Verdun. Les mêmes raisons qui détruisent celle-ci, étant aussi fortes contre celle-là, il seroit superflu de les répeter.

III. Cezens.

La troisiéme prétention est celle du Village de Cezens, Diocèse de S. Flour, où l'on croit posseder le bras droit de S. Germain, entier depuis le coude, couvert de sa peau, avec la main, à laquelle il manque seulement le pouce & le doigt *index* ; les trois autres doigts y étant, comme l'assure une lettre datée de Cezens le 18 Décembre 1721, laquelle est jointe aux piéces de la procédure. Or, dit-on, le dépôt de S. Marien renferme un os du métacarpe de la main droite, qui répond au petit doigt : d'où l'on conclud que les ossemens de ce dépôt ne peuvent être ceux de S. Germain d'Auxerre ; puisque cet os du métacarpe se conserve avec la main du même Saint.

L'exposé de l'objection en renferme la réponse & la solution. Le bras droit avec sa main conservée à Cezens, ne peut être celui de S. Germain d'Auxerre. Cette main a son doigt *medius* : or il est constant, comme on l'a déja dit, que ce doigt *medius* de la main droite de notre Saint fut emporté vers le milieu de l'onziéme siécle en Angleterre, & donna occasion d'y fonder le Monastere de Seleby. Cette réponse paroît sans replique aux Bollandistes, si, comme on le suppose, le bras qui est à Cezens, est le bras droit. *Argumentum ineluctabile profectò*, disent ces Auteurs, *si, ut ponitur, brachium istud Cezense dextrum sit.*

Les Religieux de l'Abbaye de S. Germain n'étoient pas instruits de ce fait en 1670, puisqu'ils employerent la médiation de M. de Broc Evêque d'Auxerre, pour obtenir de M. de la Motte-Houdancour Evêque de S. Flour, une portion de ce bras. Ce prélat en envoya une petite parcelle qu'il scia lui-même le 19 Novembre de la même année. Tout ce qu'il dit dans son procès-verbal, joint à la Relique qu'il donne pour une véritable Relique de S. Germain Evêque d'Auxerre, c'est que ce bras a été *depuis plusieurs années* apporté en l'Eglise de S. Germain de Cezens. C'est en Novembre 1670, que M. de S. Flour parle de cette Relique comme apportée *depuis plusieurs années*: par conséquent plusieurs années après le pillage d'Auxerre en 1567, & peut-être mê- depuis la Vie de S. Germain publiée en 1656 par Dom Viole, qui ne fait point mention de cette Eglise, parmi celles qu'il dit posseder des Reliques de notre Saint. Ce prétendu bras de S. Germain n'a donc d'autentique que le seul procès-verbal de M. de S. Flour de 1670, dans lequel ce Prélat ne cite ni acte, ni monument de transport, ou de réception; ni information faite à ce sujet. Cette Relique pourroit être de S. Germain solitaire en Auvergne.

IV. Cusa & Cologne.

Gelenius dit qu'on possede à Cologne un bras de S. Germain d'Auxerre; mais il ne donne ni date, ni preuve de son transport. Ce qu'il appelle *brachium* pourroit bien être seulement, comme on en a l'exemple en tant d'endroits, un ossement, ou partie d'ossement d'un bras, enfermé dans un Reliquaire en forme de bras, tel que ceux avec lesquels on donnoit autrefois la bénédiction au Peuple, & qui a souvent suffi pour en donner le nom à la Relique. D'ailleurs, disent sur ce sujet les Bollandistes: « de quel „ Saint l'Eglise de Cologne ne se vante-t-elle „ pas d'avoir des Reliques? „

Vie de S. Germ. c. XXVIII. p. 209. 210.

Dom Viole rapporte & réfute lui-même la prétention de l'Abbaye de Cusa au Comté de Roussillon, Diocèse de Perpignan, dans laquelle d'Yepès dans ses Chroniques de l'Ordre de S. Benoît, place une main de S. Germain, comme donnée à cette Abbaye par ordre de Charlemagne en 802; c'eft-à-dire 39 ans avant la première ouverture du tombeau. Ce feroit perdre le tems que d'en dire davantage fur cette Relique.

La cinquiéme & derniere portion des Reliques, dont la femblable fe trouve au nombre des offemens découverts à S. Marien, eft un morceau d'omoplate qui fe voit parmi les Reliques de Clugny. Les Bollandiftes n'ont pu former de difficulté fur cette Relique, dont on n'avoit aucune connoiffance lorfqu'on les confulta. Cette partie d'une omoplate y eft confervée dans un bras de bois doré. Suivant le certificat d'un Médecin & d'un Chirurgien daté du 7 Septembre 1751, & dépofé au Greffe de la Commiffion, cette Relique eft fort cariée & rongée dans fa furface & en plufieurs endroits, & elle n'a dans fa couleur ni dans fa confiftence aucune marque d'avoir appartenu à un corps embaumé & foigneufement confervé.

V. Clugny.

Le R. Pere Prieur de Clugny dans une lettre du 14 Mars 1752, affure qu'on n'a dans l'Abbaye aucun titre d'autenticité fur cette Relique; qu'elle n'eft dans aucun inventaire des Reliques de leur Eglife; qu'en 1577 les Châffes de l'Abbaye ayant été pillées par les Troupes du Duc d'Alençon, les Reliques en furent toutes confondues & jettées pêle-mêle, auffi-bien que les écritaux. On ne fçait donc d'où eft venue cette Relique à Clugny, ni quand, ni comment, ni ce qui lui a fait mettre l'étiquette qu'elle porte aujourd'hui de Relique de S. Germain d'Auxerre.

M. Lebeuf qui vit cette Relique en 1729, dépofe qu'elle lui a paru avoir été mife en terre, & il assure que le bras de bois qui la contient, est très-nouveau, & l'écriture de l'inscription assez récente.

Telles sont, tout bien examiné, les cinq Reliques qu'on voudroit opposer à celles du dépôt, comme établissant la surabondance d'ossemens d'un même corps. Il est évident qu'on ne peut nous les produire, puisqu'il n'y a ni preuves ni autenticité qu'elles soient de S. Germain d'Auxerre.

VI. Modeon. Les Bollandistes font mention d'une Relique, qu'ils prétendent être de S. Germain d'Auxerre, & qui se voit dans l'Eglise du Prieuré de Modeon, Diocèse d'Autun. Elle consiste dans un *radius* gauche entier. M. Lebeuf dépose qu'étant allé à Modeon, un Paysan tira lui-même cet ossement d'un bras d'étain, non fermé, dans lequel il étoit sans aucune inscription.

VII. Chessy. On montroit autrefois dans l'Eglise de S. Germain de Chessy sur Loire, Diocèse d'Orléans, des Reliques de S. Germain d'Auxerre. Dom Viole dans un ouvrage qu'on conserve manuscrit à l'Abbaye du nom de ce Saint, marque les y avoir vûes en 1648, & y avoir lû un inventaire des Reliques de la Paroisse de S. Pierre de Chessy, fait en 1510, dans lequel étoit compris un Reliquaire contenant trois parties des côtes de S. Germain; mais les preuves de leur autenticité, si on en avoit eu, s'étant perdues par le laps du tems, la réunion de l'Eglise de S. Germain à celle de S. Pierre de Chessy, ou par d'autres accidens qu'on ignore, M. le Cardinal de Coaslin & M. Fleuriau, Evêques d'Orléans, défendirent de les exposer, par leurs Ordonnances de visites, fondées sur le défaut de titres suffisans. On auroit pu s'en repofer fur le jugement de ces deux Prélats, qui mettent ces Reliques hors d'état de pouvoir fervir à un apariement; mais comme dans tout le cours de cette affaire, on n'a rien voulu négliger de ce qui pouvoit conduire au vrai, on a cru devoir faire un examen de ces offemens de Cheffy, dont il eft néceffaire de donner ici un précis.

M. Foucher, mort Tréforier & Chanoine de l'Eglife d'Auxerre en 1751, ayant fait en 1727 un voyage à Orléans fa Patrie, obtint du Curé de Cheffy la permiffion d'apporter à Auxerre les trois fragmens de côtes dont il s'agit. Le 31 Mars de la même année, il s'affembla chez lui M. Houffet Docteur en Médecine, le fieur Goudart Me. Chirurgien; & il engagea M. Lebeuf à préfenter à ces MM. les fragmens de côtes à lui remis par le P. Thierriat, comme on l'a dit, afin qu'ils puffent les aparier avec celle de Cheffy, & en porter leur jugement. Ils eftimerent que le tout étoit du même corps; mais on n'eût pas la précaution de leur demander leur rapport par écrit; de forte qu'ils font morts fans l'avoir donné; & qu'on n'a pour conftater cette vifite que le certificat dreffé & figné par MM. Foucher & Lebeuf.

De ces trois fragmens de côtes, deux furent renvoyés à Cheffy fous le fceau des armes de M. l'Evêque d'Auxerre; le troifiéme, du confentement du Curé de Cheffy, refta entre les mains de M. Foucher, qui fit examiner & aparier ce fragment avec plufieurs portions de côtes du dépôt trouvé à S. Marien, lorfque M. Parent Chanoine de la Cathédrale en fut devenu le dépositaire. Cet examen se fit en présence de quatre Chanoines dans la Maison de M. Foucher, par le sieur Lesseré Me. Chirurgien, qui estima évident, que le fragment de côte présenté par M. Foucher, & ceux présentés par M. Parent, étoient d'un même corps, pour les raisons déduites dans son certificat du 7 Novembre 1749.

M. Foucher ayant eu connoissance de la procédure qu'on projettoit pour la vérification du dépôt, fit revenir de Chessy les deux fragmens de côtes, & mourut peu après. M. le Clerc Chanoine & Lecteur de l'Eglise d'Auxerre, eut soin de retirer les trois fragmens avec les certificats, lettres & papiers. Assigné à la Requête du Promoteur, il comparut devant M. le Commissaire le 25 Janvier 1752; déposa des faits dont il avoit connoissance, ainsi que nous venons de les rapporter; représenta les deux fragmens de côtes envoyés de Chessy, duement scellés du sceau des armes de M. l'Evêque d'Auxerre, apposé en 1727 par M. Foucher; représenta aussi le troisiéme fragment que ledit feu sieur Foucher avoit eu permission de garder, ensemble tous les papiers concernans ces ossemens. Ces fragmens scellés & les papiers paraphés, le tout fut remis par M. le Commissaire audit sieur le Clerc, à la charge de les représenter quand il en seroit requis.

Le 5 Février 1752, M. le Clerc comparut en vertu de l'assignation à lui donnée à la Requête du Promoteur, & représenta à M. le Commissaire les fragmens de côtes, qui après que les sceaux en eurent été reconnus sains & entiers, furent remis à MM. Thiennot & Housset Docteurs en Médecine, & aux sieurs Bourgoin & Lesseré Mes. Chirurgiens, Experts nommés d'office, & assignés pour visiter & aparier lesdits fragmens de côtes avec lesdits autres ossemens déja par eux examinés le 10 Décembre précedent, & du tout dresser procès-verbal. Après le serment par eux prêté, tous lesdits ossemens par eux visités & apariés les uns aux autres, les sieurs Thiennot & Housset, Médecins & Bourgoin Chirurgien, déclarent dans leur rapport estimer, " qu'il n'y a pas assez „ de ressemblance entre les trois ossemens ins-„ crits Chessy, & ceux du dépôt, pour déci-„ der que les uns & les autres sont du même „ corps „. Le sieur Lesseré Chirurgien, déclare au contraire estimer, que les trois fragmens inscrits Chessy, & les ossemens du dépôt „ sont du même corps, ayant la même cou-„ leur & configuration „.

VIII. Grom. Le Reliquaire gardé dans l'Eglise Paroissiale de S. Germain de Grom, Village situé à une lieue de Sens, est un bras de bois, qui paroît avoir été doré. Au milieu de ce bras est une ouverture fermée d'un verre, au travers duquel on lit sur une bandelette de velin l'inscription suivante, écrite en caracteres gothiques d'environ 300 ans. *De ossib. beat. G̃mani tunica q̃m virgo Maria eid̃e de pãdiso portavit: item de cappucio B̃i. Amatoris episcop. Autissiodorensis.* Sous cette étiquette est dans un morceau de taffetas une portion de côte longue de deux pouces & quatre lignes, de laquelle le Curé du lieu a déclaré avoir fait détacher & mettre une petite partie dans la boule du clocher de son Eglise bâti en 1740.

XI. Lambron. Les Reliques que l'on conserve à S. Germain de Lambron dans la Limagne d'Auvergne, font 1°. Une portion de côte presque longue d'un demi pied, enchassée par les deux extrémités. 2°. Un autre ossement qu'on ne voit point, parce qu'il est enfermé dans un buste de bronze doré d'or moulu : ce peut-être aussi une côte. Dom Viole faisant mention de deux qu'il dit être dans cette Eglise, où on n'allegue aucun titre, mais seulement une tradition qu'on fait remonter jusqu'au tems de sa fondation en 945 par Etienne Evêque de Clermont, qui pourroit bien n'en avoir été que le restaurateur, puisqu'au rapport de S. Grégoire de Tours, il y avoit dès le cinquiéme siécle dans ce même endroit une Eglise bâtie par Victorius Duc d'Auvergne, en l'honneur de notre Saint. Quoi qu'il en soit, la date qu'on y donne à cette tradition, suffit seule pour en faire sentir la fausseté ; puisqu'il est certain que le corps de S. Germain étoit dans son entier au milieu du onziéme siecle.

X. Vitaux. La Relique gardée à Vitaux, petite Ville du Diocèse d'Autun, comme de S. Germain d'Auxerre Patron de cette Eglise, est, selon le certificat du sieur Durcy Chirurgien Juré établi à Vitaux, une fausse côte qui manque de ses deux extrémités, ce qui l'a empêché de décider si c'est la seconde ou la troisiéme fausse côte du côté gauche. Quant à la couleur, il certifie qu'elle a été anciennement brune canelle, suivant qu'il paroît par les extrémités, qui ont été moins exposées à l'air ; & que le milieu, qui a été baisé à nud par le Peuple depuis plusieurs siécles, est devenu de couleur jaune du côté extérieur, qui est la partie convexe. Ce sont les termes de ce certificat joint à l'information.

de Saint Germain d'Auxerre.

XI. Monfaucon.

Le sieur Boutroux Chanoine de Monfaucon dans sa réponse à M. d'Auxerre du 5 Septembre 1727, écrite par ordre de son Chapitre, mande qu'après avoir consideré les précieuses Reliques qui sont dans l'Eglise de Monfaucon, il n'a trouvé qu'une phalange du pouce de la main droite de S. Germain, tenue pour très-certaine par une ancienne tradition. Il y déclare expressément n'avoir aucun titre ni enseignement par écrit sur cette Relique, qu'il qualifie simplement de Relique de S. Germain, sans ajouter, d'Auxerre.

XII. La Châtre.

On croit avoir dans l'Eglise de S. Germain de la Châtre, Diocèse de Bourges, deux ossemens de S. Germain d'Auxerre ; l'un desquels paroît être du doigt annulaire, & l'autre ne peut être bien distingué, parce que ce n'est qu'un fragment. On y montre aussi un anneau pastoral de ce saint : c'est ce qu'a répondu le sieur Fontenait Chanoine de la Châtre, dans sa lettre du 3 Août 1731, dans laquelle il ajoute qu'on présume que son Chapitre possede ces Reliques depuis le huitiéme ou neuviéme siecle.

XIII. Busancy.

Le sieur Gippon Doyen de Grandpré, & Curé de Busancy, Diocèse de Reims, dans sa lettre du 7 Novembre 1727 à M. Drouillet Curé & Doyen de Mouson, dit qu'il y a dans son Eglise, qui est sous l'invocation de S. Germain, une petite statue faite de bois & posée sur le grand Autel, laquelle tient en sa main droite une petite lanterne de verre, qui renferme un os soutenu par trois fourchons d'argent, auxquels est attachée une bandelette aussi d'argent, sur la face de laquelle on lit ces lettres gravées en caracteres gothiques. O. de M. S. Jō. Il n'y a pas, dit le Curé, O. de M. S. Je ; mais O. de

M. S. Jō bien marqué avec un petit trait d'abbréviation par deſſus l'ō. La ſtatue repréſente un Evêque, & porte cette inſcription en groſſes lettres: S. Germain. Il n'y a, continue la lettre, ni procès-verbal, ni autre piéce dans nos archives. Les plus âgés de ma Paroiſſe ne ſçavent rien de cet os.

XIV. Rutile. Rayſſius marque que l'on conſerve une phalange de l'un des pieds de S. Germain dans la Chartreuſe de Rutile, ſitué ſur la Meuſe. L'auteur n'attribue pas cette Relique à S. Germain d'Auxerre, & l'inſcription ne nomme que S. Germain.

XV. Châtel Saint Germain. On prétend poſſeder à Châtel S. Germain, ſitué à une lieue & demie de Metz, une Relique de notre Saint. Le 7 Avril 1752 elle fut viſitée en préſence de Dom Tiroux, Souprieur de l'Abbaye de S. Vincent de Metz, par le ſieur Thimbert Chirurgien de la même Ville, ſuivant le certificat duquel cette Relique conſiſte en une portion du peronée du pied droit, longue de huit pouces & demi, ayant encore ſon apophyſe inférieure. Cet os a deux pouces de groſſeur en ſa partie moyenne, & trois pouces à ſon apophyſe. Le même Chirurgien remarque, que l'os s'eſt conſervé ſain & entier, ſans être altéré, ni vermoulu, quoiqu'un peu noir. Dom Leon Malot, Prieur de S. Vincent de Metz, ne fait aucune mention de titre ni de tradition, dans la lettre qu'il a écrite le 8 Avril 1752, en envoyant le certificat du Chirurgien.

XVI. Saint Germain l'Auxerrois à Paris. *Vie de S. Ger. p. 207.* Dom Viole dit avoir vû & vénéré dans l'Egliſe de S. Germain l'Auxerrois à Paris, un os aſſez conſidérable avec deux ou trois petits oſſemens de la main de S. Germain; le tout enchaſſé dans un bras d'argent doré, qu'on y appelle le bras de S. Germain. M. Lebeuf a déposé que le Sacristain lui ayant ouvert ce Reliquaire, qui n'est fermé ni de sceau ni de clef, il y vit trois coussins d'étoffe rouge, sur l'un desquels, le seul que l'on voit au travers du verre, est attaché le bout inférieur du *radius* du bras droit, ainsi que l'a déclaré un Chirurgien présent à cette visite ; que cet ossement a quatre pouces sept lignes de longueur, qu'il est sans inscription ; que sur les deux autres coussins sont attachées sept ou huit portions d'ossemens de différentes couleurs, & une très-petite phiole qui ne renferme rien, sinon un petit filet de parchemin sur lequel est écrit en lettre gothiques d'écriture de 300 ans : *De capite S. G. Autissiod.*

XVII. Saint Julien d'Auxerre.

La Relique gardée dans l'Abbaye de S. Julien d'Auxerre, comme étant du grand S. Germain, est un éclat d'ossement. Comme elle n'étoit ni scellée ni fermée, elle a été plus d'une fois changée de Reliquaire sans aucune formalité ; & celui où elle est maintenant, a été fait récemment.

XVIII. L'Abbaye de S. Germain d'Auxerre.

Il a été suffisamment parlé de cette Relique à la page 82 de ce Mémoire à l'occasion de celle de Cezens, dont elle a été détachée de la manière qu'on l'a rapportée dans l'endroit cité.

XIX. Corbie, Compiègne, S. Remy de Reims.

Vie de Saint Ger. p. 208.

Les Eglises de S. Pierre de Corbie, de S. Corneille de Compiegne & de S. Remy de Reims, sont mises par Dom Viole au nombre de celles qu'il assure posséder des Reliques de S. Germain d'Auxerre. Cet Auteur ne dit point en quoi elles consistent ; mais ou il s'est trompé, en supposant dans ces Eglises des Reliques de notre Saint, ou depuis la publication de la Vie de S. Germain en 1656 elles s'y sont perdues ; car on a produit une lettre de Dom Berry datée de S. Denis le 23 Juin 1720, dans laquelle il assure s'être soigneusement informé de Religieux de ces trois Abbayes, qui lui ont certifié qu'on n'y connoît point de Reliques de S. Germain d'Auxerre.

XX.
Beauvais, Conches, Compiegne, Montpellier.

On croit posseder dans l'Eglise Cathédrale de S. Lucien de Beauvais le Chef, ou partie du Chef de S. Germain d'Auxerre. Dom Viole place une partie de son crâne dans l'Abbaye de S. Pierre de Conches, Diocèse d'Evreux. On en montre aussi une portion dans l'Eglise Paroissiale de S. Germain Faubourg de Compiegne, bâtie dans le même lieu où étoit autrefois une Abbaye du même nom. Nous avons déja fait mention de la précieuse Relique de la tête de S. Germain d'Auxerre, donnée par Urbain V. en 1366 à l'Eglise que ce Pape fit bâtir à Montpellier. Ce que nous sçavons de ces Reliques, c'est que celle de Montpellier ne subsiste plus depuis le ravage que les Calvinistes firent dans cette Ville la même année qu'ils surprirent & pillerent Auxerre ; que celle qu'on voit à Compiegne dans une Chasse de bois doré garnie d'argent, faite vers l'an 1684, paroît par sa couleur & d'autres marques venir de celle de S. Lucien de Beauvais ; & qu'à juger selon les apparences, ces deux parties de crâne sont des Reliques de S. Germain martyrisé près Senarpont à douze lieues ou environ de Beauvais.

Nous finirons cet article comme les Bollandistes terminent celui dans lequel ils parlent des Eglises, qui se glorifient d'avoir des Reliques de S. Germain d'Auxerre. « Ne devons-nous pas ,, craindre, disent ces sçavans critiques (*a*)

§. III.
pag. 191.

(*a*) Sed vereor ne de Reliquiis plus modo vidisse dixisse,

,, de nous être trop étendus sur ces Reliques ?
,, En effet qui pourroit en entreprendre l'énu-
,, mération, ou la défense ; puisque plusieurs
,, d'entr'elles n'ont d'autre inscription que celle
,, de S. Germain, ou de S. Germain Evêque ?,,
Les mêmes Auteurs avoient dit dans le para- §. II. pag.
graphe précédent, que si on pouvoit comparer 188.
les ossemens découverts à S. Marien avec tous
ceux qui sont possedés par différentes Eglises,
ce seroit un argument de quelque considération
en faveur du dépôt ; mais ce que nous venons
d'en rapporter prouve qu'ils reconnnoissent l'i-
nutilité, ou même l'impossibilité de la comparaison, ou apariement avec des Reliques, dont
la plûpart n'ont de leur aveu, ni titres ni indication, qui montrent qu'elles soient véritablement du Saint Evêque d'Auxerre.

A Dieu ne plaise néanmoins qu'un examen,
dans lequel nous n'avons pu nous dispenser d'entrer, fournisse à qui que ce soit le prétexte de
regarder comme fausses les Reliques montrées
dans tant d'Eglises comme de S. Germain, ou
de détourner les Fidéles de leur rendre la vénération & le culte dont elles sont en possession.
Cette possession, le consentement des Evêques
Diocésains, la dévotion des Peuples, suffisent
pour leur conserver l'honneur dont elles jouis-
sent sous le nom de S. Germain, sans rechercher si elles sont du Saint Evêque d'Auxerre, ou
d'un autre. Nous nous bornons uniquement
à conclure que ces Reliques ne sont point sou-
tenues de titres assez authentiques, ni de tradi-
tions assez certaines, pour en faire dépendre la

---

quàm satis est. Et verò quis omnes vel enumeret, vel deffen-
dat, cùm sint & aliæ plurimæ solâ Germani, aut Sancti
Germani Episcopi, inscriptione notæ.

vérification de celles, que tant de preuves & de caracteres réunis semblent autoriser à regarder comme les véritables Reliques de S. Germain d'Auxerre. Seroit-il équitable de juger de ces dernieres par leur apariement, ou confrontation avec des Reliques qui ne sont ni scellées, ni enfermées sous clef; qu'un Sacristain Laïque a la liberté de tirer des Reliquaires, qui n'ont point d'inscription, ou qui ne portent pas celle de S. Germain d'Auxerre ? Les ossemens à vérifier présentent la plus grande & la plus considérable partie d'un corps; ils sont reconnus pour être du même corps, ils sont presque tous entiers & parfaitement bien conservés. Quel nouveau dégré de certitude acquerroient-ils de leur comparaison & de leur ressemblance avec de petites portions, ou fragmens; avec des parcelles d'ossemens cariés & rongés de vétusté, dont il est incertain si elles sont du S. Germain d'Auxerre ?

ARTICLE XVI.

Les précautions ordonnées par les Conciles & demandées par les Canonistes, pour la vérification des saintes Reliques, ont été exactement observées par rapport à celles que l'on croit être de Saint Germain Evêque d'Auxerre.

RApprochons maintenant, & mettons sous un même point de vûe les vérités de fait que nous avons établies. Les Saintes Reliques du glorieux S. Germain, ont été soigneusement conservées depuis qu'elles furent déposées en 448 dans l'Eglise qui porte son nom, jusqu'au pillage de la Ville d'Auxerre par les Hugenots

en

en 1567. Elles eurent dans ce jour funeste le même sort que toutes les autres qui étoient vénérées tant à S. Germain que dans les principales Eglises de la Ville. Elles furent tirées des Châsses qui les renfermoient, jettées sur le pavé, foulées aux pieds, receuillies par les Fidéles. Les Reliques des autres Saints furent rapportées quelque tems après dans les différentes Eglises où elles avoient été exposées : comme on n'avoit ni preuve, ni indication, que celles de S. Germain avoient été rapportées ainsi que les autres, on demeura dans l'incertitude sur ce qu'elles pouvoient être devenues. Cette incertitude donna lieu ensuite à différentes opinions, qui se détruisent mutuellement, & qui sont combatues par des actes autentiques.

Il est certain que les Reliques de S. Germain n'ont pas été brûlées dans son Eglise, ni dans la Maison d'un particulier. On ne peut prouver qu'elles ont été transportées dans un Château à huit lieues d'Auxerre, ou confondues avec celles qui furent cachées dans le creux d'un pilier, après que les Huguenots furent chassés d'Auxerre. Elles existent donc quelque part ces saintes & précieuses Reliques, la conséquence est juste & incontestable. On les a trouvées dans l'Abbaye de S. Marien à Auxerre, renfermées dans un cofre de la Bibliotéque avec le billet d'un saint Abbé, qui apprend qu'elles lui ont été confiées par gens pieux, qui lui ont dit les avoir ramassées eux-mêmes à l'heure que les Huguenots les tirerent de la Châsse. Elles ont été honorées comme vraies Reliques par les Religieux de la Maison où elles ont été conservées. Des Médecins & Chirurgiens, nommés juridiquement, ayant e miné ces saints ossemens, & aparié les uns aux autres; ils les ont déclarés d'un seul & même corps, portant par la couleur & l'odeur l'empreinte d'embaumement, & n'ayant jamais éprouvé les injures de l'air & de la terre. Il a été aussi reconnu que ces ossemens sont d'un corps d'une moyenne taille. Ces derniers traits sont des caracteres distinctifs du corps de S. Germain, d'après ce que l'Histoire nous en rapporte. En faut-il davantage pour reconnoître dans le dépôt de S. Marien les véritables Reliques du Saint Evêque d'Auxerre?

Chacune des preuves considerée séparément, pourroit ne pas paroître suffisante pour se décider; mais réunies, elles portent un caractere de vérité, auquel il n'est gueres possible de se refuser; & il en résulte une démonstration morale qui, selon tous les Canonistes, suffit pour prononcer définitivement. « Comme dans les jugemens, ce sont les paroles du célèbre Fagnan (*a*), plusieurs semi-preuves, plusieurs présomptions, plusieurs adminicules, pris seuls & séparément les uns des autres, ne font pas une preuve pleine & entiere..... cependant lorsqu'ils sont tous joints ensemble, ils forment une preuve complette & une certitude judiciaire, suffisante pour décider l'affaire sans inquiétude & sans crainte ».

Mais voyons ce que prescrivent sur le cas présent les SS. Conciles, ce qu'ils recommandent aux Evêques pour la reconnoissance & vérifi-

Cap. ne in- niteris, de Const. n°. 103.

(*a*) Quamobrem sicut in judiciis plures probationes samiplenæ & imperfectæ præsumptiones, & adminicula, disjunctim considerata & tanquam singula, plenam probationem non faciunt.... tamen ex illis simul junctis consurgit plena probatio, & certitudo judicialis sufficiens ad causam sine ulla trepidatione decidendam. *Fagn.*

de Saint Germain d'Auxerre. 99

cation des Reliques. On ne peut s'égarer en suivant les routes que ces saintes Assemblées nous ont tracées; & il y auroit de la témérité à exiger ce qu'elles n'ont pas demandé.

Le Concile de Trente (*a*) « défend de rece- *SS. XXV.*
» voir aucunes nouvelles Reliques, à moins *De vener. &*
» qu'elles n'aient été vérifiées & approuvées *Reliq. SS.*
» par l'Evêque, qui dans le moment qu'il aura
» découvert quelque chose à ce sujet, prendra
» l'avis de Théologiens & autres personnes
» pieuses, & fera ce qu'il jugera plus confor-
» me à la vérité & à la piété.... de maniere
» cependant qu'il n'ordonne rien de nouveau
» & d'inouï jusqu'alors dans l'Eglise, sans avoir
» consulté le Souverain Pontife ».

S. Charles si zélé pour l'exécution des Dé- rets du saint Concile, après avoir recommandé dans son premier Concile Provincial de se conformer par rapport aux Saintes Reliques à ce qui avoit été ordonné à Trente, s'explique plus en détail dans son quatriéme Concile, sur ce qu'il faut faire pour vérifier des Reliques. Il *Cont. Med.* veut (*b*) que « chaque Evêque commette des *IV. c. II.*
ann. 1576.

(*a*) Statuit Sancta Synodus nec novas Reliquias recipiendas nisi recognoscente & appprobante Episcopo, qui simulatque de iis aliquid compertum habuerit, adhibitis in Consilium Theologis, aliisque piis viris, ea faciat quæ veritati & pietati consentanea videantur.... ita tamen ut nihil, inconsulto SS. Romano Pontifice, novum aut in Ecclesia hactenus inusitatum, decernatur.

(*b*) Sanctorum corpora & sanctas Reliquias Episcopus religiosis piisque Sacerdotibus, quos eo potissimùm nomine deligat, cum in Urbe, tum in Diœcesi suâ, quibuscumque in Ecclesiis, locis-ve illa sint, recognosci quamprimùm jubeat; quâ in recognitione hæc præstentur. 1°. Ut scripta, tabulæ, litteræ, alia-ve cujusvis generis monimenta, quæ in iis ipsis Ecclesiis, earum-ve arriis atque ædibus, aut aliis locis extant, schedulæ quæ vasculis arcis-ve sacrarum Reliquiarum affixæ, inclusæ-ve recognoscantur accuratè & diligenter, unde illarum vel translatio, vel collocatio ibi facta cognosci, aut alia ejusmodi notitia haberi queat.

G ij

» Prêtres religieux & instruits, pour exami-
» ner toutes les Reliques qui se trouvent dans
» les Eglises, ou autres endroits de son Diocè-
» se ; & dans cet examen il vérifiera avec soin
» les écrits, les actes, les inscriptions & autres
» enseignemens de quelque espéce qu'ils soient,
» qui sont conservés dans les Eglises, les Por-
» ches, les Bâtimens adjacens, ou autres en-
» droits ; enfin les billets attachés aux vases ou
» cofrets, dans lesquels sont les Reliques, ou
» qui y sont renfermés avec elles, afin de pou-
» voir connoître comment ces Reliques ont
» été transportées & placées dans le lieu où
» elles se trouvent, & d'acquérir toutes les
» lumieres qu'il sera possible de se procurer. Le
» Commissaire s'informera aussi s'il y a des té-
» moins en état de certifier l'ancienne & cons-
» tante tradition au sujet de ces Reliques.

Ce grand Evêque pénétré de respect & de vénération pour les précieuses Reliques des Saints, veut qu'on les recherche non-seulement dans les Eglises, ou dans les édifices qui en dépendent ; mais encore dans quelque endroit qu'elles puissent être ; soit qu'elles se trouvent dans des vases ou Châsses, ou dans des cofres ou cassettes. Il regarde les papiers ou billets qui y sont attachés, comme des monumens propres à en constater l'autenticité. Il recommande d'examiner exactement & de vérifier avec soin ces écritures. Il veut que la tradition du Pays soit consultée. Il ordonne ensuite qu'il soit fait un état, ou inventaire, tant des Reliques que des papiers, ou enseignemens qui les concernent.

Ces précautions sont dictées par la prudence

Testes præterea conquirantur, si qui sunt, qui testimonium dent antiquæ constantisque traditionis, ex quâ certa earum cognitio constet.

& la sagesse ; aussi n'ont-elles rien d'outré. Elles tendent à éclaircir les doutes fondés, & les soupçons légitimes ; mais elles ne vont pas à répandre des nuages & de l'obscurité sur ce qui peut être éclairci. Elles n'admettront jamais de fausses Reliques, mais elles conserveront aux véritables, quelque part qu'elles soient trouvées, le culte & l'honneur qui leur est dû. C'est que la vérification ou reconnoissance des Reliques n'est pas seulement l'objet de la science & de la critique ; elle est aussi l'ouvrage de la piété, suivant la pensée du Saint Concile de Trente ; & la piété croit tout, dès qu'elle est suffisamment éclairée. Ceux qui liront ce Mémoire avec quelque attention, se convaincront par eux-mêmes, que les précautions ordonnées par Saint Charles pour la vérification des Reliques, ont été scrupuleusement observées par rapport à celles que l'on croit être de S. Germain.

Et qu'on ne dise pas que S. Charles ne parle point ici de Reliques sauvées du pillage des Hérétiques. Il est vrai qu'il n'en fait pas une mention expresse, mais il n'en fait point aussi une exception, & il les comprend dans la généralité des Reliques quelque part qu'elles soient trouvées. C'est pour tous les Diocèses de sa Métropole, que ce Saint prescrit les Regles que nous venons de rapporter, & il pouvoit y avoir eu dans quelques-uns de ces Diocèses des Eglises pillées par les Huguenots.

Les autres Conciles Provinciaux tenus depuis le Concile de Trente, comme ceux de Cambrai en 1563, de Tours en 1583, de Bourges en 1584, de Bourdeaux en 1624, & autres, parlent tous des Reliques ; & ils recommandent, pour éviter & supprimer les abus énormes qui s'étoient introduits sur cette matiere, qu'il n'en soit exposée aucune qui n'ait été reconnue par l'Evêque, mais sans entrer dans aucun détail. Les Conciles de Tours & de Bordeaux parlent expressément de Saintes Reliques pillées & dispersées par la fureur des Hérétiques; & ils veulent que les Evêques apportent toute la diligence & l'attention possibles pour les reconnoître.

Il est très-important d'observer, que les plus célébres Canonistes mettent une très-grande différence entre des Reliques qui n'ont pas encore été exposées à la vénération des Fidéles, & d'autres qui en ont déja été en possession. Pignatelli propose cette question (*a*): « si on doit
» permettre d'exposer des Reliques anciennes,
» nouvellement découvertes. Je pense, dit-il,
» pour l'affirmative ; parce qu'il ne s'agit pas du
» culte de nouvelles Reliques, mais d'anciennes,
» qui après avoir été perdues, se sont retrou-
» vées. C'est le cas d'en permettre l'exposition, si
» on prouve *par quelques signes* que ce sont d'an-
» ciennes Reliques d'un Saint déja canonisé :

Jac. Pignat. Consult. LXI. tit. VI. pag. 142. Tom. II. Edit. Lugd. 1717.

(*a*) An pro veneratione Reliquiarum, recens tamen repertarum, fit licentia concedenda ? Censeo affirmativè, quoniam non agitur de veneratione novarum Reliquiarum, sed antiquarum, recens tamen repertarum post illarum amissionem ; quo casu licentia conceditur, si ex aliquibus signis probetur illas esse Reliquias antiquas Sancti jam canonisati. Est concordis theoria Canonistarum .... Ita Butrius Abbas n. 1. & anteà Hostiensis n. 9, ubi quòd si invenirentur aliquot Reliquiæ cum scripturâ in eis existente, quòd essent alicujus Sancti antiquitùs approbati, tunc tales Reliquiæ debent coli ex solo testimonio illius scripturæ, inconsulto Romano Pontifice. Quod exequitur Azorius instit. mor. l. 9. & Barbosa *de Offic. & potest. Episc. alleg.* 91. Neque videtur dissentire Joannes Andreas .... Summa rei est in comprobanda identitate, quòd sit illa ipsa Reliquia quæ anteà colebatur ; quod probari potest ex multis circonstantiis, in quibus admodum verisimilis redditur probatio ejusmodi identitatis. *Pignat.*

» c'est sur quoi les Canonistes sont tous d'accord.
» C'est en particulier l'avis de l'Abbé Butrius,
» & celui d'Hostiensis, qui dit que si on trou-
» voit des Reliques *avec un écrit*, qui montre-
» roit qu'elles sont d'un Saint anciennement
» approuvé, il faudroit les honorer *sur le seul*
» *témoignage de l'écrit*, sans consulter le Sou-
» verain Pontife. Azorius & Barbosa pensent de
» même, Jean André ne paroît pas opposé à ce
» sentiment ». Le même Auteur dit plus bas :
» L'essentiel est de prouver l'identité, c'est-à-
» dire, que c'est la Relique qui avoit été autre-
» fois honorée ; ce qui peut se prouver par plu-
» sieurs circonstances, dont il résulte une preuve
» d'identité tout-à-fait vrai-semblable ».

Prosper Fagnan sur la Décrétale qui porte ces mots : Que personne n'ait la présomption de rendre un culte public à des Reliques nouvelle-ment trouvées, à moins qu'elles n'aient été approuvées par le Pontife Romain. « Remarquez,
» dit ce grand Canoniste (*a*), ces paroles, *nou-*
» *vellement trouvées* ; ce qui doit s'entendre des
» Reliques tout-à-fait nouvelles : car si elles
» étoient anciennes, quoique nouvellement dé-
» couvertes, la défense n'auroit pas lieu, com-
» me l'enseignent Jean André & Butrius ; &
» cela est vrai, s'il est certain que ces Reliques
» sont d'un Saint anciennement approuvé. Par

Comment. in Lib. III. Decret. In-noc. III. Tom. II. Edit 1740. pag. 574.

(*a*) Inventas autem de novo nemo publicè venerari præ-sumat (Reliquias), nisi autoritate Romani Pontificis fuerint approbatæ. Nota hic : *inventas de novo*, quod intellige de Reliquiis omninò novis. Nam si essent antiquæ, licèt de novo inventæ, non esset locus huic prohibitioni, secundùm Joannem Andream hic *n.* 5. & Butrium *n.* 5. Et hoc ve-rum, si certum sit illas esse Reliquias Sancti antiquitus ap-probati. Puta, *si cum eis inventa esset scriptura*, seu documen-tum autenticum de hoc fidem facias, secundùm Hostiens. *n.* 9.

» exemple, si avec ces Reliques on a trouvé un
» écrit, ou quelque enseignement autentique,
» qui puisse faire foi. C'est aussi le sentiment
» d'Hostiensis ».

Concil. Avenion. an. 1594. Art. XXV. de Reliq. & vener. SS.

Le Concile d'Avignon ne demande même pour les nouvelles Reliques, que la permission de l'Evêque qui en aura fait la vérification. Voici ses paroles (*a*) : « Nous avons cru devoir
» ordonner principalement, que pour ne pas
» donner matiere à la superstition & à la fausse
» crédulité, on n'introduise point de nouvelles
» Reliques : ou si quelqu'un en présente, elles
» ne soient point honorées, à moins qu'elles
» n'aient été reconnues & approuvées par l'E-
» vêque ». Le Concile immédiatement après ces paroles, rapporte celles du Concile de Trente que nous avons citées.

Il ne nous reste plus qu'à exposer les objections qui ont été faites contre les Reliques qu'il s'agit de vérifier, & à y répondre. C'est ce que nous ferons dans les Articles suivans.

ARTICLE XVII.

Réponses aux objections des Bollandistes.

LEs premiers adversaires des Reliques trouvées dans le cofre de la Bibliotéque de S. Marien à Auxerre, sont les RR. PP. Jésuites d'Anvers. Ils avoient été consultés, comme nous l'avons dit, par M. d'Auxerre & par M. Lebeuf.

(*a*) Illud ante omnia præcipiendum censuimus, ne superstitioni, aut falsæ credulitati ansa præbeatur, ut nullo pacto novæ Reliquiæ invehantur, invectæ-ve honore aliquo afficiantur, nisi recognoscente, aut approbante Episcopo qui, simul atque de iis....

Mais leur réponse qu'ils ont consignée, après lui avoir donné une nouvelle forme, dans le Volume des Saints de Juillet qui contient la Vie de S. Germain, donne lieu de croire que ces sçavans n'avoient pas eu communication de tous les monumens, qui constatent ce qui se passa dans les principales Eglise d'Auxerre, & spécialement dans celle de S. Germain, par rapport aux Reliques dont les Châsses furent pillées par les Huguenots, & qu'ils ne furent pas instruits des faits, des circonstances & autres preuves sur lesquelles nous établissons la créance que méritent la déclaration des déposans de S. Marien, le témoignage qui leur est rendu par un homme aussi respectable que l'Abbé Martin, & les caracteres distinctifs des ossemens qu'ils lui ont confiés.

Après avoir exposé le fait de la découverte des ossemens trouvés dans le sac auquel étoit attaché le billet de l'Abbé Martin. « Ce sac, » dit l'un de ces Critiques (*a*), ne me plaît » point du tout; & j'aurois peine à croire, » que ces gens-là fussent véritablement pieux, » dès qu'ils ont gardé pendant 40 ans, & si » injustement, un trésor aussi précieux, dans » un réceptacle si indigne, si vilain, si ou- » vert à tout venant; & qu'au lieu de le ren- » dre à ceux à qui ils l'avoient enlevé, ils l'ont » porté à d'autres, qu'ils sçavoient n'y avoir » aucun droit ».

Act. SS. Julii. Tom. VII. §. II. n. 21. pag. 188.

(*a*) Nihi quidem saccus hic nequaquam placet, nec adducar facilè ut homines pios esse credam, qui alienum tanti pretii thesaurum, in tam indigno, sordido, patuloque receptaculo per annos quadraginta conditum, tam injustè detinuerint; ac ne tum quidem iis, à quibus abstulerant, sed aliis, ad quos nullo jure spectare noverant, restituerint. *Bolland.*

La simplicité du sac est le premier objet de la critique du Bollandiste. Il en est choqué; & il ne peut estimer des Reliques, à moins qu'elles ne soient plus richement renfermées. Ce sac étoit d'une toile assez fine. Ces gens n'avoient ni Reliquaires, ni Châsses pour placer les Reliques; & parce qu'ils les ont renfermées dans une toile propre, y a-t-il de quoi suspecter leur piété ?

M. de Caylus Evêque d'Auxerre dans son Procès-Verbal du 1 Mai 1715 de la translation du Chef de S. Pelerin, pour être exposé à la vénération des Fidéles, dit: « qu'il a visité une » fenêtre du côté méridional du Sanctuaire (de » l'Eglise de Bouy), où il auroit trouvé dans » une capse de bois des morceaux & fragmens » de crâne humain fort épais avec les machoires » de dessous, le tout enveloppé décemment » dans un linge fin »; le même sans doute dans lequel M. de Broc, l'un de ses prédécesseurs avoit envoyé cette sainte Relique, après l'avoir fait comparer avec le corps qui est à l'Abbaye de S. Denis. *Un linge fin* qui enveloppe; *un sac de toile fine*, qui enferme, c'est à peu près la même chose. On ne doit pas être plus choqué de l'un que de l'autre.

On doit présumer que pendant que ces gens pieux ont gardé ces saints ossemens, le sac lui-même étoit enfermé dans un cofre, ou dans une armoire; & on n'en peut douter, puisqu'ils vouloient les tenir cachés. Ils firent comme les fidéles de Notre-Dame la D'hors, dont parle M. Amyot: *Ossa beata domum suam detulerunt, atque honorifico secreto apud se habuerunt.* La vraie & solide piété a été de s'exposer aussi généreusement qu'ils l'avoient fait, pour sauver les

Reliques de S. Germain. Ils ne les avoient pas *enlevées* à leurs vrais poſſeſſeurs, mais ſauvées des mains des impies, dans l'abſence des Religieux du Monaſtere, qui avoient tous pris la fuite ; & il eſt étonnant qu'on repréſente comme voleurs, des hommes, dont on ne peut trop admirer le zéle & le courage. Comme ils ne ſe croyoient pas coupables de vol, ils n'ont pas cru non plus être obligés à une reſtitution rigoureuſe. S'ils avoient pu souſtraire aux Hérétiques des vaſes d'or & d'argent du Tréſor de S. Germain, ils ſe feroient fait un devoir de les rendre aux Religieux, lorſqu'ils furent revenus au Monaſtere ; mais pour des Reliques de Saints, qui ſont choſe ſacrée & ne s'eſtiment point à prix d'argent, ils crûrent avoir rempli tout devoir, en les confiant à un homme honoré & reſpecté dans toute la Ville. Ce ſeroit une délicateſſe de conſcience exceſſive que d'en exiger davantage. Une femme d'Auxerre acheta d'un Soldat Huguenot une piéce d'étoffe qu'on appelloit le Suaire de S. Germain. Elle le remit ſur le champ au Prieur de S. Pere ſon Curé, ſans ſe croire obligé de le porter à l'Abbaye.

» Qui pourra s'imaginer, continue le même
» Critique (*a*), que cet Abbé Régulier ait été
» *aſſez injuſte* pour s'approprier une choſe infi-

(*a*) Quis vero Abbatem ſibi fingat regularem tam *iniquum*, ut rem cum nullis conferendam divitiis, contra jus faſque ſibi vindicarit ? Tam *ſtolidum*, ut ignotis hominibus, (nam ſi noti erant nominatos opportuit) oſſa tam neglecta, tanquam S. Germani Reliquias ſine teſte, ſine tabulis, ſine jurejurando, ſine ulla probatione, obtrudentibus crediderit ? Tam *impium* vero, ſi credidit, ut ea ne tantillo quidem honore dignatus ſit, ſed cum eodem ſacco, per viginti quibus præfuiſſe dicitur annos, in prophanam ciſtam abſtruſerit ? Tam *ineptum* denique, ut in re tanta per nudam ſchedulam, abſque ſigillo aut nomine, temeré ſacco appoſitam, fidem poſteris facturum ſe crederet ? *Bolland.*

» niment au-dessus de tout ce qu'il y a de plus
» riche dans le monde ? *Assez stupide* pour ajou-
» ter foi à ce que lui disent des hommes incon-
» nus, (car s'il les avoit connus il les auroit
» nommés) : & qui lui présentent comme de
» S. Germain, des ossemens, sans témoins, sans
» acte ni écrit, sans serment, sans aucune preu-
» ve ? *Assez impie*, s'il les a crû sur leur parole,
» pour n'avoir rendu aucun honneur à ce dépôt,
» & l'avoir laissé dans le même sac pendant
» vingt-années, renfermé dans un cofre tout
» prophane ? *Assez sot*, pour croire que dans une
» affaire de cette importance, il feroit foi dans
» la postérité par un billet attaché *inconsidéré-*
» *ment & sans dessein* sur ce sac, sans y mettre
» son seing ni son sceau ? »

Les qualifications ne sont pas plus ménagées pour l'Abbé Martin que qour le sac. Ce vénérable Abbé n'étoit ni *stupide* ni *injuste*, ni *impie*. Nous l'avons prouvé ? Il connoissoit parfaitement ceux qui lui apportérent les ossemens de S. Germain, puisqu'il leur donne la qualité de pieux. Il pouvoit avoir de très-bonnes raisons pour ne pas les nommer; & d'ailleurs à quoi serviroient leurs noms. M. Amyot Evêque d'Auxerre fit la vérification des Reliques de S. Vigile en 1588, vingt & un ans après le pillage. Il connoissoit, ou pouvoit très-facilement connnoître ceux qui les avoient recueillies dans l'Eglise de Notre-Dame la D'hors : la plûpart vraisemblablement vivoient encore ? Cependant il ne les nomme point dans son Procès-Verbal. Il ne les fait connoître que sous le nom de *Fidèles*. Cela rendra-t-il suspect ce Procès-Verbal ?

M. Seguier, & les Bénédictins parlent avec

de Saint Germain d'Auxerre. 109

grands éloges dans leurs Procès-Verbaux des personnes qui avoient recueilli des Saintes Reliques lors du pillage ; mais ils n'en nomment aucune, & ne les désignent que par leur piété & leur zéle. Pour le défaut de restitution, c'est un cas de conscience à proposer à l'Eglise de Bari dans la Pouille par rapport aux Reliques de S. Nicolas ; au Monastére de Saint Benoît sur Loire, pour celles du Saint Patriarche des Moines de l'Occident ; de Saint Denis en France, pour le corps de Saint Pelerin, Apôtre du Diocèse d'Auxerre, &c. Nous avons dit ce qui vraisemblablement avoit empêché l'Abbé Martin de porter son dépôt aux Moines, qui étoient alors dans la Maison de S. Germain. Il garda les précieuses Reliques dans un cofre du Trésor de son Eglise, lequel n'avoit rien de prophane & qui étoit bien fermé à clef. Les Religieux de la Maison de Saint Marien ont toujours témoigné du respect & de la vénération pour ces saints ossemens.

« On dira, poursuit le même Auteur (*a*), *Ibid. 12.*
» que l'écriture est de l'Abbé Martin, qu'elle 22.
» parle pour lui. Je réponds qu'il se trouve sou-
» vent des écritures très-semblables, quoique
» de différentes personnes ? Mais j'y consens,

(*a*) At characteres loquuntur. Respondeo non rarò diversorum hominum characteres esse admodum similes. Deinde loquantur sanè characteres, indicentque, per me licet, manifestè cujus sint. Nego illum loqui legitimè, aut voluisse, aut potuisse, qui scripto suo aut nomen noluit, aut sigillum adjicere. Sed enim fac Abbatis illius hanc esse schedulam ; fac etiam legitimè subscriptam esse. Quid eâ probabitur ? Hoc unum scilicet ; quòd homines, qui optimo Abbati videbantur esse pii, hæc ossa attulerint, dixerintque esse S. Germani, seque ea, in hujus Basilicâ ab Hæreticis effusa, collegisse. Dixerint enim verò. Quid tùm ? An id verè eos dixisse, an probasse testatur scheda ? Atqui contrarium Claudina paulò superiùs, non dixit modo, sed etiam juravit. *Bolland.*

» que cette écriture parle, qu'elle soit même
» une indication manifeste de la main qui a
» écrit le billet. Je soutiens que celui qui n'y
» a mis, ni sa signature, ni son sceau, n'a
» voulu ni pu parler valablement. Mais soit ;
» le billet est de la main de celui à qui on l'at-
» tribue ; il est même signé. Que prouvera t-on
» par-là ? Une seule chose : que des hommes,
» que le bon Abbé a cru pieux, lui ont ap-
» porté ces ossemens, & lui ont dit qu'ils
» étoient de S. Germain, & qu'ils les avoient
» amassés dans son Eglise, où les Hérétiques
» les avoient dispersés. Qu'ils l'aient dit en ef-
» fet, qu'en résultera-t-il ? Le billet certifie-
» t-il qu'ils ont dit vrai & qu'ils l'ont prouvé ?
» Claudine, dont nous avons parlé, non-seule-
» ment a dit le contraire, mais elle l'a juré ».

Notre Critique est embarrassé du billet de l'Abbé Martin ; cela est visible : il en sent toute la force & ne peut le dissimuler ? Ils se trouveroit serré de plus près, s'il voyoit la procédure de vérification, qui prouve par plus de cent piéces de comparaison l'identité d'écriture de l'Abbé Martin ? Engagé par état & par la nature de son ouvrage à rechercher tout ce qui peut servir à constater des faits importans, il ne peut se cacher à lui-même, qu'une preuve de l'espéce du billet en question dans une affaire de la nature de celle-ci, lui paroît suffisante pour avancer un fait, qui ne seroit d'ailleurs contredit par d'autres monumens. Combien en trouveroit-on de rapportés comme incontestables dans les *Acta Sanctorum*, qui ne sont pas appuyés sur des preuves plus solides ?

Le billet trouvé cousu sur le sac, fait donc preuve par lui-même ? Il est l'organe de l'Abbé

Martin, qui nous parle encore par son écriture. Le continuateur de Bollandus n'en disconvient pas : il le suppose même signé. Et en effet nous avons prouvé qu'un billet de cette nature, qui est un mémoire indicatif des faits, n'a pas besoin de signature pour faire foi parmi d'honnêtes gens. Il réduit toute la difficulté à sçavoir si ces déposans ont dit vrai ? Cette question se trouve résolue & décidée par ce que nous avons dit en preuve de la troisiéme Proposition ? Ces témoins sont nécessaires : la circonstance où ils ont ramassé les Reliques n'étoit pas susceptible des précautions que l'on exigeroit en d'autres tems pour certifier la vérité du fait : ils n'avoient aucun intérêt à la chose : ils sont à l'abri de toute apparence de suspicion ; pourquoi donc ne pas croire qu'ils ont dit vrai dans une conjoncture, où le mensonge & la fourberie seroient un crime énorme, un sacrilége commis de gayeté de cœur ? C'est ce qui ne peut même s'imaginer de la part de gens, à qui un Prêtre universellement estimé rend témoignage. Pour Claudine Ravier, nous l'abandonnons au jugement que le Critique lui-même en a porté ; & à celui de tout lecteur équitable & judicieux, qui prendra la peine de lire entier la déposition de cette *femmelette de village*, comme l'appelle le Critique, de cette unique témoin, qui ne dit pas qu'elle ait été présente lors des efforts prétendus inutiles pour briser la Châsse ; qui ne dit pas que la Châsse n'a point été ouverte ; qui ne parle pas même des Reliques, & qui par conséquent n'a ni *déposé*, ni *juré le contraire* de ce que nous avons établi.

» Enfin, dit notre Critique, j'avoue qu'on
» trouveroit une sorte de preuve en faveur

» (du dépôt de S. Marien) (*a*), si les osse-
» mens conservés dans le sac pouvoient être
» comparés à tous ceux du même Saint, que
» différentes Eglises possédent de tems immé-
» morial, & s'ils se rapportoient si bien, qu'il
» ne s'en trouvât pas un de trop ».

L'Auteur paroît encore se rapprocher, en consentant à la comparaison des ossemens trouvés à S. Marien avec ceux des autres Eglises : il reconnoît que toutes ses déclamations contre le sac, contre l'Abbé Martin, contre le billet qu'il a laissé, contre les déposans & contre le dépôt même, n'ont été que l'effet d'un premier mouvement. Il avoue qu'il a trop accordé à des préjugés qui ne sont ni légitimes, ni fondés. Nous l'avons dit, & nous le répétons encore, nous sommes prêts à faire la comparaison demandée avec les ossemens de S. Germain, que différentes Eglises prétendent posséder, pourvû que ces Eglises soient en état de prouver que ces ossemens sont véritablement du saint Evêque d'Auxerre. Cette comparaison tourneroit infailliblement à notre avantage : mais nous avons démontré dans la sixiéme Proposition, qu'aucune de ces Eglises ne produit ni auténtique, ni titre, ni monument, qui justifie la possession des véritables Reliques de S. Germain d'Auxerre ; les Bollandistes eux-mêmes en conviennent. Celles qui produisent quelques enseignemens, font remonter leur possession au neuvié-

---

(*a*) Effet quidem, fateor, aliquod ad hanc rem argumentum, si ossa in sacco servata cum aliis omnibus ejusdem sanctis ossibus, quæ à variis Ecclesiis immemorabili tempore possidentur, conferri possunt, atque ita inter se congruere omnia deprehenderentur, ut nullum abundaret. *Bolland.*

me siécle, tems auquel il est prouvé, que le corps de notre saint étoit conservé dans son intégrité. Au reste ceux qui auront fait attention à ce que nous avons rapporté des grandes précautions, qui furent prises pour empêcher qu'il ne se fît aucune distraction du corps de ce grand Saint, ne seront pas surpris de l'impossibilité où on se trouve, de prouver que les Reliques honorées en tant d'endroits sous le nom de S. Germain, sont effectivement du Saint Evêque d'Auxerre.

ARTICLE XVIII.
Réponse aux Lettres critiques.

VENONS à présent aux Lettres Critiques, qui ont été rendues publiques par l'impression, pendant le cours de la procédure de vérification. Ces Lettres sont au nombre de six, & contiennent 475 pages; mais il ne faut pas s'en effrayer. La plus grande partie se trouve réfutée d'avance en divers endroits de ce Mémoire. Il y en a une autre partie qui nous devient étrangere, ainsi qu'à nos Lecteurs, en ce qu'elle renferme des querelles personnelles, & qu'elle attaque des lettres & manuscrits, dont nous ne devons prendre la défense, que pour ce que nous en avons adopté. Le reste ne demandera pas de longues discussions; nous en tirerons de nouvelles preuves en faveur des Reliques trouvées à S. Marien.

L'Auteur de ces lettres s'annonce comme ne prêtant qu'à regret sa plume à la discussion des raisons produites pour la vérification de ces Reliques. *Convenez*, dit-il, *que c'est beaucoup* demander a un homme aussi tranquille, aussi indifférent sur ces sortes de disputes, en un mot aussi paresseux que moi. L'indifférence sur un objet aussi important ne peut être permise, sur-tout à un Bénédictin, qui depuis plus de 25 ans demeure dans l'Abbaye de S. Germain. Pour la tranquillité & la modération, elles conviennent infiniment à un sujet de cette nature, où il est question de sçavoir si des ossemens découverts sont du Saint auquel ils sont attribués. L'Auteur l'a-t-il conservée cette tranquillité ? C'est de quoi nous laissons le jugement à ses Lecteurs.

La 1e. Lettre, si on en excepte ce qui est dit pour réaliser la fable de la Maison-blanche réfutée au cinquiéme Article de ce Mémoire, ne présente pour le fonds que les objections des Bollandistes, dont cependant l'Auteur ne cite qu'un seul passage, ayant reservé tous les textes pour fournir à sa 2e. lettre. Il s'applaudit de s'être rencontré avec ces Critiques célébres, quoique *jamais il n'en eût vû aucun Tome des Actes des Saints, même par le dos, & qu'il n'en eût parlé dans un écrit antérieur à la publication de ses Lettres, que sur ce qu'une personne infiniment respectable lui en avoit dit une infinité de fois;* mais aussi il fait remarquer qu'aux raisons employées par ces RR. PP. il en a ajouté beaucoup d'autres, auxquelles ils n'avoient pas pensé. Voyons ces raisons.

Celle sur laquelle l'Auteur des Lettres insiste fort, & qu'il rebat souvent, est tirée de la qualité de ces gens pieux, qui rapporterent à l'Abbé Martin les prétendues Reliques de S. Germain. Il dit que « ces gens étoient de la lie du » Peuple, & de la plus vile populace, sans » nom, sans caractere, sans éducation, sans

2. Let. p. 56. 57.

» science; des Manans, en un mot, des Pay-
» sans.... Qu'ils ont gardé ces Reliques dans
» *des taudis*, dans une chaumine, dans un lieu
» abject & méprisable ». Ces expressions, il
faut en convenir, répondent parfaitement à l'i-
dée que l'Auteur veut donner de ces gens pieux;
mais sur quoi fondé, suppose-t-il ces personnes si pauvres & d'une si basse condition ? C'est,
dit-il, parce que l'Abbé Martin ne les a pas
nommés. N'ayant point été nommés, ils sont
demeurés inconnus; & c'est comme n'en ayant
& ne pouvant en avoir aucune connoissance,
que notre Auteur fait une description si détail-
lée de leur qualité & de leur habitation.

Nous avons fait remarquer à l'article des Bollandistes, que les noms de tous ceux qui rapporterent des Reliques sauvées du pillage, sont
demeurés dans l'oubli, & que cependant leur
témoignage n'a point été méprisé. Au reste,
que ces gens fussent riches ou pauvres, artisans
ou bons bourgeois, qu'importe pour ce dont
il s'agit, dès qu'on ne peut les soupçonner d'aucune vûe d'intérêt ? Il ne falloit ni richesses,
ni noblesse pour entreprendre de retirer ces
précieuses Reliques des mains des Hérétiques.
Il ne falloit que du courage, & sur-tout beaucoup de religion, de zéle & de piété.

C'est cette piété même, quoiqu'attestée par
un homme respectable, que l'Auteur des Let- *Lett. I. p. 30.*
tres ne craint pas de contester. Ecoutons-le :
» Si c'eût été de simples bourgeois d'une famil-
» le honnête, il n'est pas douteux que l'Abbé
» Martin ne les eût nommés ; mais comme c'é-
» toit des Paysans, il crut pouvoir les désigner
» par un terme générique, (c'est celui de pieux),
» qui dans sa généralité même ne signifie rien, &

H ij

» ne tire pas plus à conféquence que ceux d'*ho-*
» *norable homme* & de *fcientifique perfonne* dans
» un acte de Notaire. Ce feroit faire tort à la
» vertu de ce vénérable Abbé, que de préten-
» dre qu'il a cru ces perfonnes véritablement
» pieufes ». Dans quel Dictionnaire cet Ecrivain a-t-il trouvé que la dénomination de *pieux*
fût un protocole, qui dans fa généralité ne peut
être attribué qu'à des gens de la lie du Peuple ?
Le furnom de *pieux* a été donné à un de nos
Rois, qui s'en tenoit plus honoré que de celui de
grand & de conquérant. Jamais ce mot *pieux*
n'a défigné dans notre langue que la dévotion
envers Dieu, l'amour & la pratique des de-
voirs de la Religion. Il fait un grand éloge de
l'Abbé Martin, qu'il reconnoît avoir été *auffi re-*
commendable par fa piété que par fa fcience ; & cependant il dit que ce feroit faire injure à fa vertu, que de prétendre qu'il a cru véritablement
pieufes les perfonnes dont il parle dans fon
billet. C'eft une méthode bien finguliere de
juftifier la vertu d'un homme, que de foutenir
qu'il a écrit contre fa propre penfée ; & que
dans un billet de cette importance, il a donné
la dénomination de pieux à des hommes qu'il
ne croyoit pas tels. Quelle idée l'Auteur s'eft-il
donc faite de la vertu & de la piété ?

Ibid. pag. 51.

Il arguë de faux ces gens pieux, en ce qu'ils
ont dit à l'Abbé Martin, qu'ils avoient amaffé
les offemens de S. Germain *à l'heure que les Hu-*
guenots ruinoient les Châffes. « N'eft-il pas con-
» tre toute vrai-femblance, s'écrie-t-il, que
» de pareils monftres (les Huguenots) euffent
» fouffert patiemment qu'en leur préfence on
» eût tiré, pour ainfi dire, un à un des offe-
» mens qui étoient l'objet de leur fureur » ? Il

Ibid. p. 20.

croit trouver une opposition sensible entre le récit de ces témoins & celui des personnes qui ramasserent des Reliques dans l'Eglise Cathédrale, dans celles de S. Germain & de Notre-Dame la D'hors, & ne le firent que furtivement & en cachette, *secretó*, *clam*. Nous avons rapporté les textes des procès-verbaux, qui attestent ces faits. M. Amyot dit, que les Fidéles parmi lesquels il y avoit des femmes, *fideles utriusque sexûs*, qui étoient présens à la ruine de la Châsse de S. Vigile, n'osoient ouvrir la bouche à cause de la terreur des armes : *Cùm mutire non auderent propter armorum terrorem*; mais qu'ils firent ce qui étoit en eux, & ramasserent les ossemens épars. M. Seguier dit, que les personnes religieuses & zélées, qui receuillirent des Reliques dans la Cathédrale, les avoient retirées & rachetées des mains des Calvinistes : *Ex avaris prædonum Calvinistarum manibus redemptas atque ereptas*. Les Religieux de S. Germain déclarent que les ossemens, qui furent mis dans le pilier après la retraite des Huguenots, avoient été soigneusement & furtivement retirés des mains sacriléges des impies : *Ab eorum sacrilegis manibus sedulò & furtim collectis*.

Tous ces textes montrent évidemment que dans les différentes Eglises, les Saintes Reliques furent ramassées dans le tems & *à l'heure* que les Huguenots pillerent les Châsses. Il ne se trouve donc aucune opposition entre le recit des uns & des autres, quoi qu'en dise l'Auteur des Lettres, qui pour prendre un ton si affirmatif, auroit dû se donner la peine de lire en entier les actes dont il prétend s'autoriser. Pourquoi juge-t-il encore *impossible* que des gens pieux aient distingué les ossemens qu'ils receuillirent, de maniere à pouvoir certifier qu'ils étoient de S. Germain ? La Châsse de ce Saint étoit facile à reconnoître par les richesses dont elle étoit ornée. Ils la virent descendre par les Hérétiques, ouvrir, renverser pour en jetter les Reliques par terre & les fouler aux pieds ; & tandis que ces impies disposoient de cette Châsse & des autres, ces Fidéles s'attacherent aux Reliques de S. Germain, qu'ils ramasserent sans parler, sans faire de bruit, sans oser ouvrir la bouche ; ce qui répond au *clam*, *secretò*, du procès-verbal de l'Abbaye. Leur respect & leur zéle pour les Reliques du Saint protecteur de la Ville, les rendirent plus attentifs pour ne pas les confondre. Il n'y a rien en tout cela que de très-possible : sur quoi il est à propos de faire une remarque importante. Si les procès-verbaux des autres Reliques, ne disoient pas qu'elles ont été ramassées par les Fidéles, dans le tems même du pillage des Châsses, l'objection que nous réfutons ici auroit pu faire une impression sur plusieurs, & leur paroître bien fondée. Il n'y a pas d'apparence, auroit-on dit, il n'y a pas de vrai-semblance que ces gens eussent osé se trouver dans l'Eglise avec ces Huguenots furieux, & ramasser en leur présence les Saintes Reliques, *à l'heure* même qu'ils pilloient les Châsses ; ils en ont trop dit pour mériter d'être crus. Cependant leur témoignage se trouve confirmé par des actes autentiques, dans le point même sur lequel il paroît le plus incroyable ; tant il est vrai qu'il ne faut pas argumenter contre des faits par des conjectures, ou de prétendus défauts de vrai-semblance ! Nous produisons un billet qui atteste ces faits, l'écriture en est reconnue & vérifiée. Les ossemens découverts portent avec eux la preuve de la vérité du témoignage qui leur a été rendu. Voilà à quoi il faut s'en tenir, en mettant à l'écart les vains raisonnemens & les déclamations.

On étoit embarrassé de la conduite des gens pieux & de l'Abbé Martin, qui ont gardé si long-tems dans le secret les Reliques de S. Germain; on multiplioit à ce sujet les conjectures & les difficultés. Ces difficultés se trouvent applanies & suffisamment résolues par ce qui est rapporté des manuscrits de Dom Viole, de l'état déplorable de l'Abbaye, de l'Eglise, & sur tout des Catacombes ou Grotes de S. Germain, & par ce qui est dit ailleurs de la conduite des Religieux qui habitoient l'Abbaye. On n'est plus surpris que ces gens pieux aient mieux aimé confier leur trésor à un homme de la piété & de la vertu de l'Abbé Martin, & que celui-ci ait attendu pour le manifester des circonstances plus favorables. L'Auteur des Lettres ne croyoit pas fournir des armes contre lui-même, en nous procurant dans sa seconde Lettre ce texte du manuscrit de Dom Viole. Il n'avoit pas pensé non plus qu'il détruisoit son propre édifice par les fondemens, en disant pour achever le portrait des gens pieux de l'Abbé Martin, « qu'ils ne peuvent être regardés que comme de véritables prophanateurs des choses saintes, pour avoir gardé pendant 40 ans des Reliques aussi respectables que celles de S. Germain, dans un lieu aussi peu convenable qu'indécent » : (c'est-à-dire dans leur maison); qu'ils ont violé les Loix les plus sacrées & les plus connues de la justice, en remettant ce précieux trésor à un homme qui

Lett. 1. *pag.* 28. 29.

» n'y avoit pas plus de droit qu'eux, & en en
» fruſtrant les légitimes propriétaires ». La prétendue preuve de prophanation & d'injuſtice ne paroîtra pas à tout le monde auſſi claire qu'à l'Auteur ; mais ce qui eſt bien évident, c'eſt que ces gens ne peuvent avoir été prophanateurs & injuſtes, qu'autant qu'ils ont gardé chez eux les véritables Reliques de Saint Germain, & qu'ils ne les ont pas rendues aux Moines de l'Abbaye.

Le ſouverain mépris que l'Auteur des Lettres fait paroître pour le dépôt trouvé à S. Marien, pour ceux qui l'y ont apporté, pour le billet de l'Abbé Martin, qu'il appelle UN MISERABLE CHIFON, feroit croire qu'il va conclure à rejetter abſolument ces oſſemens, & à les enfoüir dans le coin d'un cimetiere, d'autant plus qu'il ne craint pas de leur appliquer cette maxime du Concile de Tours, qu'il traduit à ſa façon, & qu'il cite en latin en gros caractere : « Il eſt certain qu'on péche plus
» contre les Décrets des ſaints Canons, en
» rendant quelque honneur aux oſſemens
» d'hommes méchans & ſcélerats, qu'en privant de véritables Reliques de Saints de la
» vénération qui leur eſt dûe (*a*) ». Ces paroles ſont la conſéquence des grandes précautions que le Concile ordonne de prendre pour réprimer l'entrepriſe déteſtable de gens, *qui par avarice & l'amour impie du gain, donnent pour vraies Reliques des oſſemens ramaſſés au hazard*. L'Auteur ſe félicite de la découverte de ce texte, qui ſelon lui, prouve *admirablement* ſa théſe, & qui

---

(*a*) Sacris quippe ſanctionibus magis adverſari certum eſt, impurorum & ſceleratorum oſſa aliquo honore colere, quàm veras Sanctorum Reliquias debita veneratione carere.

un rapport frappant avec ce qui fait le sujet de la dispute. On le laisse à lui-même pour se faire les reproches que mérite une application aussi injuste à tous égards & aussi odieuse.

Malgré toutes ses déclamations contre les ossemens prétendus de S. Germain, l'Auteur des Lettres veut bien qu'ils soient apariés à ceux qui sont honorés en différentes Eglises sous le nom de ce grand Saint. Il en fait même un devoir indispensable ; mais ne seroit-ce pas prophaner des Reliques, qui sont en possession d'un culte public, que de les approcher de ces ossemens si décriés par l'Auteur ? Il ne se fait pas cette difficulté, on ne doit point en être surpris. Huit pages après avoir fait l'application des paroles du Concile de Tours, il entreprend de répondre à l'objection tirée de l'empreinte du baume, qui se rend encore si sensible dans les ossemens en question, & qui paroît faire un caractere distinctif de ceux de S. Germain, & il répond ainsi : « N'y a-t-il eu que le corps de » S. Germain, qui ait été embaumé ? N'est-t-il » pas probable au contraire, si nous voulons » nous rappeller le goût des anciens, que par- » mi ce grand nombre de Saints dont les Reli- » ques étoient conservées dans l'Eglise de cette » Abbaye, il y en aura au moins quelques-uns » auxquels on aura rendu *ce même office* » ? Toute la question se réduiroit donc à sçavoir de quel saint sont ces ossemens, & par consé- quent il n'y auroit plus de rapport de la maxi- me du Concile de Tours à la dispute présente. Il faut cependant convenir que l'Auteur n'ad- met pas cette conséquence, car il dit : « Je » n'affirme, ni ne nie que ces ossemens soient » de véritables Reliques ; & j'avoue que je se-

Pag. 147.

Pag. 158.

Pag. 231.

» rois fort embarrassé, si j'étois obligé de pren-
» dre là-dessus un parti fixe & déterminé ».
Jusqu'ici notre Auteur n'avoit montré de l'embarras sur rien ; mais c'est pour nous en donner
dont nous ne puissions nous tirer, qu'il insiste
sur la nécessité des apariemens, dont il regle
lui-même les conditions ; & c'est ce qui fait le
sujet de sa troisiéme Lettre.

III. Lettre.   Non-seulement il veut que ces apariemens
soient faits en présence de l'Evêque du lieu,
ou du Commissaire par lui nommé, & des Mé-
Pag. 160. & suiv.. decins & Chirurgiens, qu'ils croiront les plus
habiles ; mais il exige encore « que les osse-
» mens trouvés à S. Marien, soient portés dans
» *tous* les endroits, où on prétend avoir des Re-
» liques de S. Germain, pour y être apariés avec
Pag. 185. » *les ossemens vrais, ou prétendus de ce Saint quel-*
Pag. 197. » *que part qu'ils se trouvent.* Ensorte que si on
» prend les précautions marquées ci-dessus ; si
» on a l'attention de choisir parmi les Méde-
» cins ceux qui sont les plus sçavans & les plus
» habiles, *il résultera nécessairement de leur opé-*
» *ration une certitude physique, très-suffisante*
» *pour le cas présent, & à laquelle d'ailleurs il*
» *faudroit être insensé pour se refuser.* Sans vouloir
interrompre notre Ecrivain, on pourroit lui demander, s'il est sage & raisonnable d'imposer
& d'exiger de pareilles conditions dans le cas
Pag. 151. présent ? Il n'en doute pas, il prétend même
que « manquer à ces conditions, ce seroit four-
» nir des armes aux incrédules ; que l'opéra-
Pag. 159. » tion des apariemens interesse *essentiellement*
» la Religion ; que la suite naturelle de cette
» opération, est d'imposer aux Fidéles l'obli-
» gation *d'un nouveau culte* ; qu'il faut par con-
» séquent les convaincre, qu'en leur imposant

» *ce nouveau joug*, on a été déterminé par les
» motifs les plus forts & *les plus évidens* ».

Pour appuyer cette suite de paradoxes, l'Auteur cite un grand nombre de Conciles, dont il rapporte les textes ; mais ces textes ne disent pas un seul mot des conditions qu'il exige de son chef : encore moins peut-on en conclure, comme fait l'Auteur, que les Conciles ont décidé que lorsqu'il s'agit de vérifier de nouvelles Reliques, *on ne peut outrer les précautions*.

Pag. 166.

Les Conciles, comme nous l'avons fait voir, parlent des Reliques anciennes, dont ils veulent que les Evêques examinent avec soin l'origine & la tradition, & qu'ils en tiennent des Registres exacts ; ou des Reliques nouvelles, dont ils défendent l'exposition sans l'approbation de l'Evêque, qui y apportera toute la diligence & l'attention possible, qui en un mot se conformera à ce qui est prescrit sur cette matiere par le saint Concile de Trente, dont nous avons cité ci-dessus les paroles. Pour couper court aux raisonnemens sans fin de notre Auteur, nous nous bornons à lui dire, 1°. Que les ossemens trouvés à S. Marien, ne sont point des Reliques nouvelles à exposer pour la premiere fois à la vénération des Fidéles ; mais qu'ils sont présentés comme Reliques anciennement honorées, à l'égard desquelles on a religieusement & scrupuleusement observé tout ce qui est prescrit par les SS. Canons, en recherchant la tradition, les indications, les témoignages & les actes qui en fixent & en assurent l'état. Les précautions ne pouvoient être portées plus loin. On peut s'en convaincre par la lecture de ce Mémoire.

2°. Que les recherches faites dans les Eglises, qui prétendent avoir des Reliques de S. Germain d'Auxerre, sont plus que suffisantes pour ne laisser aucun doute sur l'état & la vérité de celles trouvées dans le cofre de S. Marien ; & qu'on n'en peut produire aucunes qui soient revêtues de titres assez autentiques, pour les opposer à des Reliques qui ont été conservées dans la même Ville où elles ont été si long-tems honorées, qui n'ont éprouvé d'autre translation que de l'Eglise où elles ont été foulées aux pieds des Huguenots, dans la maison de gens pieux, & de cette maison dans une Abbaye de la même Ville ; Reliques dont l'origine se trouve indiquée par des titres, établie & constatée par le billet d'un Abbé respectable, dont l'Ecriture a été juridiquement vérifiée. Elles méritent par conséquent la préférence sur toutes les autres, qui n'ont pas à beaucoup près les mêmes avantages. L'Auteur des Lettres prétend qu'au défaut de titres & d'autentiques, les Eglises qui croient posséder des Reliques de S. Germain, ont pour elles leur tradition. Nous convenons que cette tradition est très-suffisante pour ne pas troubler ces Eglises dans leur possession, & pour reconnoître que les Reliques qui y sont honorées, sont véritables ; mais nous soutenons qu'elle ne suffit pas pour combattre nos preuves, ou en infirmer la solidité. Dans ces sortes de discussions de faits, une simple tradition ne sera jamais légitimement & validement opposée à une preuve par écrit. Pour nous mettre dans la nécessité d'admettre la voie des apariemens, il faut absolument, avec la Relique qui nous seroit objectée, produire un titre d'une autenticité reconnue.

Lett. III.
Pag. 200.

3°. Que plusieurs Eglises du Royaume, où l'on conservoit quelques Reliques de S. Germain, ayant été, comme celles d'Auxerre, exposées à la fureur des Protestans, quelques-unes même ne subsistent plus, ou ayant été transferées ailleurs & réunies à d'autres Eglises, ces Saintes Reliques peuvent avoir ou été perdues ou confondues avec d'autres. Qu'à Auxerre même il est à présumer que les gens pieux, malgré leur vigilance & leur zéle, ne purent pas tout ramasser ; & que c'est pour cela que dans le rapport qu'ils font à l'Abbé Martin, ils ne disent pas qu'ils lui mettent en main *les* Reliques, mais *des* Reliques de la Châsse de S. Germain. De tous ces faits on est en droit de conclure qu'il est ridicule & absurde d'exiger que pour vérifier les ossemens trouvés à S. Marien, on puisse en les réunissant avec ceux que d'autres Eglises prétendent avoir, en former un corps entier & parfait, *ensorte qu'il en résulte une certitude physique.* Jamais on ne s'étoit avisé de demander en ce genre une certitude physique : l'Auteur des Lettres est le premier, qui ait soutenu cette opinion. Il ne la rendra sûrement pas probable.

La quatriéme lettre est employée à soutenir l'opinion de Dom Viole, que nous avons pleinement réfutée dans l'article IV de ce Mémoire. Quand cette Lettre parut, on reprocha à l'Auteur qu'il se faisoit un jeu des contradictions les plus frappantes. Si, comme vous l'avez prétendu dans votre Lettre, lui a t-on dit, la Châsse de S. Germain, & les Reliques qu'elle renfermoit, ont été enfoüies en terre à la Maison-blanche, à huit lieues d'Auxerre, il est faux que cette Châsse ait été portée après le pillage de l'Eglise dans la Maison d'un Orfévre de la Ville d'Auxerre, & que les Reliques y aient été brulées, comme l'a imaginé Dom Viole. On lui a objecté qu'en prenant la défense de cette derniere opinion, il auroit dû déclarer qu'après avoir plus murement réfléchi sur ce qu'il a avancé du transport des Reliques de S. Germain à la Maison-blanche, & de l'impossibilité d'ouvrir la Châsse, qu'un Orfévre éprouva pendant 15 jours, il a reconnu qu'à tort & mal-à-propos il avoit soutenu cette opinion, & qu'il lui préfere celle de Dom Viole.

Mais notre Auteur se récrie dans la sixiéme Lettre contre l'injustice de ce reproche. Il soutient n'avoir adopté aucune opinion, & s'en être déja expliqué. *Pag. 435. & suiv.* « Toutes ces preuves accumulées, dit-il, n'étoient, proprement que des objections que je formois, sans en adopter positivement aucune. Je ne faisois qu'opposer faits à faits sans prendre affirmativement aucun parti, sans me rendre garant de la moindre chose. Il est donc faux que j'aie voulu établir dans ma premiere Lettre, que les Reliques de S. Germain n'avoient pas été brûlées, parce qu'il avoit été impossible de les tirer de la Châsse. Il est encore plus évident que le but principal que je me suis proposé dans ma quatriéme, n'a jamais été de prouver la réalité de leur incendie. Cette question ne m'interesse en quoi que ce soit ». Il lui a cependant consacré près de cent pages; mais qui y prendra donc intérêt ? Et comment concilier cette indifférence de l'Auteur avec le ton qu'il a pris en défendant ses opinions; & avec sa prétention d'a- *Lettre VI. pag. 447.* voir *accumulé des preuves* en leur faveur, &

d'en avoir tiré *de fortes & triomphantes objections* contre ceux qu'il combat ? Il entreprend de se justifier d'une contradiction par une autre pour le moins aussi sensible. C'est le cas de lui appliquer ce que dit un Poëte : *Nil agit exemplum litem quod lite resolvit.*

On est bien éloigné de se plaindre de ce que l'Auteur des Lettres a recherché & rendu publiques toutes les difficultés qu'il étoit possible de faire contre la découverte des Reliques prétendues de S. Germain. Dans une matiere d'une aussi grande importance, on n'est pas moins intéressé à connoître les objections que les preuves. Les difficultés proposées mettent dans une heureuse nécessité de ne rien hazarder, & de tout approfondir avec la plus scrupuleuse attention : le Lecteur est d'autant plus frappé de la force des preuves, qu'il connoît mieux toutes les objections qu'on y peut opposer ; mais il faudroit bannir toute partialité, & jusqu'à l'apparence de passion, & montrer par l'esprit de paix dans lequel on écrit, que ce n'est que la vérité que l'on aime & que l'on cherche. « Ne négligeons rien, disoit S. Augustin, pour prouver à nos amis, qui s'intéressent sincérement à nos travaux, que l'on peut être partagé de sentimens & disputer les uns contre les autres, sans que la charité y perde rien, & sans que la vérité, qui est toute due à l'amitié, occasionne des haines (a). » Avec ces dispositions on ne manque pas de rejetter

S. *Epi.* 19.

(a) Charissimos nostros, qui nostris laboribus sincerissimè favent, hoc potius quantâ possumus instantiâ doceamus, quâ sciant fieri posse ut inter charissimos aliquid alterutro sermone contradicatur, nec tamen charitas ipsa minuatur, nec veritas odium pariat, quæ debetur amicitiæ.

loin de soi, les imputations fausses ou hazardées, & les soupçons odieux.

Pag. 7. Dès le commencement de sa premiere Lettre, l'Auteur se plaint de ce que dans la Commission établie pour la procédure de vérification, *on a gardé un secret si profond, qu'il ne lui a pas été possible d'y pénétrer.* Il est vrai que la procédure n'a pas été renduë publique ; mais on n'a point affecté de garder le secret, on ne l'a point recommandé. Les principaux objets de la Commission ont été la visite des ossemens par des Médecins & Chirurgiens, la vérification de l'écriture par des Experts, la déposition de quelques témoins par rapport à l'honneur qui étoit rendu aux Reliques renfermées dans le cofre de S. Marien. Les uns & les autres ont été assignés à la Requête du Promoteur ; ils ont pû rapporter, à qui a voulu le sçavoir, ce qu'ils avoient fait & ce qu'ils avoient dit.

Pag. 125. Dans sa troisiéme Lettre il dit qu'un Expert lui « a assuré que tous les ossemens qui furent présentés étoient assez semblables, tant pour la grosseur & l'odeur que pour la proportion ; à la réserve de deux ou trois, qui ne paroissoient pas venir du même sujet, & qui par cette raison furent rejettés ».

On ne peut concevoir que cet Expert ait si promptement oublié ce qu'il avoit affirmé avec serment, reconnu & signé avec les autres Experts, dans le rapport dont nous avons fidélement copié les paroles. Il n'est dit nulle part dans ce rapport, que les ossemens présentés étoient *assez semblables*. Il y est expressément déclaré que « les ossemens nommés, comptés, apariés, sont d'un même corps ». Et à l'égard des ossemens isolés, qui ne peuvent s'aparier,

parier, il est dit, » qu'ayant une proportion » avec ceux qu'ils ont apariés, ainsi qu'une » même couleur & une même odeur, ils leur » paroissent appartenir à un même corps ». Il est faux que parmi les ossemens présentés il s'en soit trouvé deux ou trois, qui paroissoient ne pas venir du même sujet, & qui par cette raison furent rejettés. Tous ceux, sans exception quelconque, que M. le Commissaire présenta aux Experts, après les avoir tirés des boëtes scellées, & dont les sceaux furent reconnus dans leur intégrité, tous ces ossemens furent nommés, comptés & déclarés être d'un même corps; aucun ne fut rejetté. Le procès-verbal existe, il a été fait avec toute la régularité possible.

Mais n'étoit-il pas de l'équité & même de l'intérêt de l'Auteur & de son Expert, de ne pas hazarder un fait de cette nature, & dont il tire des conséquences si odieuses contre les gens pieux qui remirent les Reliques à l'Abbé Martin, & contre ceux qui les ont retirées du cofre de S. Marien, sans consulter les autres Experts, & de ne pas s'exposer à être démenti, comme il l'est effectivement, par la signature même de celui dont il rapporte les paroles ? Il est visible qu'il y a eu erreur, de quelque part qu'elle vienne ; & que l'Auteur ou l'Expert, où tous les deux ont confondu le rapport du 10 Décembre 1751, avec ce qui se passa le 5 Février 1752 au sujet des trois ossemens apportés à Auxerre de la Paroisse de Chessy, Diocèse d'Orléans.

Pag. 126.

Nous avons dit Article XV. que M. Foucher Diocésain d'Orléans & Trésorier de l'Eglise d'Auxerre, avoit fait venir de Chessy quelques portions d'ossemens, que l'on croyoit être

I

de S. Germain. Il les fit examiner & comparer avec ceux trouvés à S. Marien, par M. Houffet pere, Docteur en Médecine, & le fieur Leffe-ré Me. Chirurgien. Au lieu de prier ces MM. de lui donner leur jugement par écrit, il fe contenta d'écrire lui-même ce qu'il leur avoit oüi dire, à la fuite d'un petit Mémoire concernant ces Reliques de Cheffy. Le Commiffaire nommé pour la procédure de vérification, crut devoir faire examiner de nouveau ces offemens, pour en avoir un rapport plus juridique. Il affembla le 5 Février 1752 les mêmes Experts qui avoient examiné deux mois auparavant les offemens prétendus. Il leur préfenta ceux de Cheffy & le Mémoire de M. Foucher, dont lecture fut faite. L'Auteur des Lettres lui en fait un crime, & il dit : « Peut-être eut-on mieux
» fait de finir par cette lecture, de peur de pa-
» roître vouloir prévenir le jugement, & préoc-
» cuper l'efprit des Médecins & Chirurgiens.
» Il fe trouvoit dans cette affemblée deux en-
» fans de ceux qui quelques années auparavant
» avoient fait la même opération qu'il s'agiffoit
» de répéter. En leur remettant devant les
» yeux ce que leurs peres avoient fait, n'étoit-
» ce pas leur infinuer en quelque forte, qu'on
» préfumoit que le refpect filial, ce refpect qui
» a tant de force fur les ames bien nées, les
» engageroit à ne point détruire ce que des
» mains fi cheres avoient édifié ». C'eft faire entendre que M. le Commiffaire a tendu un piége aux Experts, pour les faire parler contre leurs lumieres & leur confcience. Les feules bienféances auroient dû faire fupprimer ce foupçon. Quoi ! Un Commiffaire deviendra fufpect, parce que voulant prendre l'avis des Experts

III. Lett. pag. 135.

fur des offemens à comparer, il fera lire un écrit, qui explique d'où & comment font venues ces Reliques, & le jugement que l'on dit en avoir déja été porté par un Médecin & un Chirurgien ! D'ailleurs, il ne pouvoit y avoir lieu à la féduction. L'écrit qui fut lû, n'étoit pas d'un Médecin & d'un Chirurgien; mais de M. Foucher, qui rapportoit ce qu'il prétendoit leur avoir oüi dire. On ne se fait pas honneur à foi-même en interprétant ainfi des démarches auffi fimples & auffi naturelles.

Finiffons ces détails ennuyeux par un dernier trait de l'Auteur, qui n'eft pas moins révoltant que les premiers. M. Lebeuf après avoir découver les Reliques dans l'Abbaye de Saint Marien, n'a négligé ni foins ni fatigues pour rechercher ce qui pouvoit contribuer à leur vérification. M. Parent a confervé religieufement dans fa maifon ces mêmes Reliques, depuis qu'il eut obtenu la permiffion de les emporter; l'un & l'autre a repréfenté devant M. le Commiffaire les Reliques & le billet qui étoit coufu fur le fac, en affirmant fous la religion du ferment, que ce font les offemens qu'ils ont trouvés dans le cofre de S. Marien, renfermés dans le fac auquel étoit coufu ce billet. Cela n'empêche pas l'Auteur des Lettres de fe faire cette queftion : « Qui nous certifiera que (les *III. Lett.* » offemens) qu'on exhibe actuellement, font les *pag.* 200. » mêmes que ceux qui font énoncés dans ce » billet » ? C'eft-à-dire, qui nous certifiera que 201. ces MM. n'ont pas fait un faux ferment ? « A » Dieu ne plaife, continue-t-il, que je veuille » jetter ici le moindre foupçon fur la probité » de ces Meffieurs; mais la vivacité avec laquel- » le on les voit agir, les mouvemens qu'ils fe

I ij

» donnent pour parvenir à faire vérifier ces
» ossemens, dont ils ont été si long-tems déposi-
» taires, ne démontrent-ils pas qu'ils sont par-
» ties publiques & déclarées dans cette grande
» affaire. Leur témoignage, quelque respecta-
» ble qu'il puisse être en toute autre matiere,
» n'est donc recevable en celle-ci, qu'autant
» qu'ils seront en état de nous convaincre qu'ils
» n'avancent rien qui ne soit établi sur de bonnes
» preuves. *Nemo judex in propriâ causâ*, c'est
» l'axiôme de Droit ».

 Il y en a aussi un qui dit: *Nimia cautio, dolus*, une precaution si excessive est suspecte de fraude. En effet n'est-ce pas porter trop loin la défiance, ou même le pyrronisme en genre de faits? Deux Prêtres retirent des ossemens d'un cofre: ils les gardent avec soin, ils les représentent ensuite en affirmant avec serment tout ce qu'ils sçavent par eux-mêmes au sujet de ces ossemens: on ne soupçonne pas leur probité: *on est même personnellement convaincu que (les ossemens qu'ils ont représentés) sont identiquement les mêmes qui furent trouvés en 1718 dans le cofre de Notre-Dame la D'hors*. Cependant on ne veut pas qu'ils en soient crûs sur leur déposition juridique, à moins qu'ils ne prouvent d'ailleurs ce qu'eux seuls sçavent, & ce qu'on ne peut sçavoir que par eux. Quelle bizarrerie! pour ne rien dire de plus. Il a recusé le témoignage des gens qualifiés pieux par l'Abbé Martin, celui de l'Abbé Martin lui-même, parce qu'ils ont gardé dans le secret les Reliques dont il s'agit: il veut infirmer la preuve tirée du serment même de deux Prêtres, parce qu'ils se sont donné beaucoup de mouvemens pour faire vérifier ces mêmes Reliques. Quel est donc l'intérêt qui peut rendre la déposition de ces deux témoins recusable ? Ils n'ont pas prétendu porter un jugement ; ils l'attendent de l'autorité légitime. Ils ont désiré & ils désirent encore, comme tant d'autres, avec ardeur, que l'on puisse parvenir à la vérification de ces Reliques ; ce n'est qu'en cela qu'ils sont parties. M. Lebeuf l'est encore par plusieurs voyages longs & pénibles qu'il a entrepris, souvent à pied, pour rechercher tout ce qui pouvoit se découvrir de certain sur les Reliques de S. Germain dans les Eglises, où on croit en posséder. Il a montré en cela, même depuis qu'il s'est démis de son Canonicat d'Auxerre, pour fixer son séjour à Paris, un zéle pour la gloire de ce grand Saint, qu'on ne peut trop louer & admirer.

Mais pour quoi l'Auteur des Lettres appelle t-il à son secours toutes ces personalités ? lui qui prétend qu'il n'y a pas même de vraisemblance dans les preuves apportées pour la vérification ou reconnoissance des Reliques en question, auxquelles il ne craint pas d'appliquer la maxime du Concile de Tours contre les ossemens *d'hommes méchans & scélérats* ? Si les difficultés qu'il oppose contre ces Reliques lui ont paru si peremptoires & si décisives, qu'avoit-il besoin de recourir à des soupçons, & à des imputations ?

I iij

ARTICLE XIX.

Eclaircissement des difficultés du même Auteur contre le caractère de l'embaumement & la qualité des ossemens trouvés à Saint Marien.

L ES ossemens trouvés à S. Marien portent une empreinte de baume qui se rend sensible par la couleur & par l'odeur de ces ossemens. Le corps de S. Germain a été embaumé à Ravennes avec la magnificence digne d'un Empereur ; & l'état actuel des ossemens nouvellement découverts annonce un embaumement parfait, qui ne peut convenir qu'à ceux de S. Germain. Ils sont d'une couleur rougeâtre, ils n'ont point éprouvé les injures de l'air ni de la terre ; ils rendent une odeur agréable pour peu qu'ils soient frottés avec la main, ou qu'on les présente au feu. Cette odeur est pure & sans mélange. L'Auteur des Lettres en convient, il sent toute la force de la preuve qui en résulte en faveur des Reliques qu'il s'agit de reconnoître ; & quelque effort qu'il fasse pour cacher son embarras, il se décele souvent lui-même. Il admet cette preuve « comme une conjecture très-forte, laquelle légitimement fondée seroit capable de faire impression sur les esprits les plus opiniâtres ». Il dit ensuite que lors du pillage de l'Eglise de S. Germain, outre la Châsse de ce Saint, il y avoit encore celles de S. Aunaire, de S. Urbain Pape, de S. Tiburce, de S. Romain, de S. Thibault & de S. Maurice. N'a-t-il pas pu se faire, dit-il, que les ossemens de quelques-uns de ces saints aient été embaumés, sur-tout lorsqu'on les tira de terre pour les met-

III. Lett.
p. 227. 228.

III. Lett.
p. 248. 258.

III Lett.
pag. 230.

tre dans des Châsses? D'où il conclud que ce seroit les ossemens de quelques-uns de ces saints, qui auroient été ramassés par les gens pieux, & par eux apportés à l'Abbé Martin, comme venant de la Châsse de S. Germain.

Comment l'Auteur a-t-il pu concilier tout ce qu'il dit pour faire rejetter les ossemens trouvés dans le cofre de S. Marien, avec une conjecture qui les feroit regarder comme des Reliques saintes & véritables? Quoi qu'il en soit, comme il a prévu qu'on ne manqueroit pas de lui objecter qu'il ne se trouve ni traces ni vestiges qu'aucun des corps des Saints qu'il a nommés, ait été embaumé, & que l'empreinte du baume que les ossemens en question ont conservée, est une preuve qu'ils sont de S. Germain, il a cru se tirer d'embarras en nous opposant les raisonnemens d'un prétendu Artiste qu'il a consulté, & par lequel il a été, dit-il, convaincu que loin de prétendre que la couleur & l'odeur de ces ossemens sont une marque qu'ils sont du corps de S. Germain, il en faut conclure que c'est une preuve démonstrative du contraire. Et pourquoi? C'est que la couleur de ces os, qui sont rougeâtres par tout, & l'odeur dont ils sont pénétrés, prouvent manifestement qu'ils n'ont été embaumés qu'après avoir été dépouillés des chairs qui les couvroient, & de toutes leurs enveloppes, ce qui ne peut convenir à S. Germain, dont le corps fut embaumé avec les chairs immédiatement après sa mort, & se conserva sain & entier pendant plus de six cents ans. Or, continue notre Auteur d'après son Artiste: « c'est *un principe admis* que les drogues aromatiques, quelque pénétrantes qu'elles soient, ne peuvent s'insinuer dans le tissu

III. Lett.
pag. 221.
228.

» des parties remplies de sucs gras & moëleux...
» Si les extrémités des os, sur-tout de ceux qui
» sont cylindriques, avoient été emboëtées &
» articulées, si elles eussent été recouvertes de
» leurs cartilages, de leurs aponevroses & de
» leurs ligamens, non-seulement l'os propre-
» ment n'auroit pas pris la couleur qu'on lui
» voit; mais aussi l'odeur ne s'y seroit ni intro-
» duite, ni conservée ». Nous nous bornerons
à cet abrégé des réfléxions anatomiques de l'Artiste, & nous nous contenterons, pour renverser
tous ses vains raisonnemens, de transcrire ici la
Lettre d'un des plus sçavans hommes de l'Euro-
pe en cette matiere, le célébre M. Rouelle de
l'Académie des Sciences de Paris, & Démons-
trateur Royal en Chimie.

Lettre de M. Rouelle du 2 Avril 1753.

» M. j'ai reçu la Lettre que vous m'avez écrite
» par ordre de M. l'Evêque d'Auxerre, avec
» la Lettre critique au sujet de l'embaumement
» de S. Germain.

» Tous les os des corps parfaitement embau-
» més, tels que sont ceux des Mumies Egyp-
» tiennes, sont pénétrés par la matiere de l'em-
» baumement, elle est même parvenue jusqu'à la
» cavité de la moële. Les épaisseurs des mus-
» cles & des tégumens n'ont opposé que de foi-
» bles obstacles à la pénétration de ces substan-
» ces balsamiques; les muscles sont tellement
» desséchés, qu'il ne reste que les fibres épui-
» sés de leurs liqueurs & de leurs graisses; &
» leur épaisseur est presque réduite à rien. La
» simple inspection d'une Mumie démontre ces
» vérités.

» Tous les Auteurs qui ont parlé des Mu-

» mies, & qui ont examiné les os, ont tous
» dit que les baumes & la afphalte les ont pé-
» nétrés : c'eſt même ce qui a fait croire à quel-
» ques-uns, que les Egyptiens embaumoient
» les corps & les faifoient bouillir dans la pif-
» faphalte. Cette pratique n'a nullement été
» mife en ufage, parce que ces fubſtances graf-
» fes & huileufes prennent en bouillant un
» tel dégré de chaleur, qu'elles détruifent &
» réduifent en charbon les mufcles & les régu-
» mens, pendant qu'au contraire ils font con-
» fervés dans les Mumies.

» L'Auteur de la Lettre critique rapporte
» l'embaumement de S. Louis, comme un em-
» baumement en ufage dans le XIIIe. fiécle, &
» à peu près femblable à celui de S. Germain.
» Je fuis perfuadé que cette pratique (qui n'eſt
» pas un vrai embaumement) fut celle de la
» néceſſité : au milieu d'un Pays barbare, par-
» mi le trouble & la confternation d'une armée
» affligée par une maladie contagieufe, & par
» la perte d'une bataille & de fon Chef; quel
» moyen plus fimple & plus prompt qu'une
» coction, pour conferver feulement les offe-
» mens du S. Roi ?

» Je vous prie, M. d'aſſurer de mes très-hum-
» bles refpects M. l'Evêque. J'ai l'honneur d'ê-
» tre.... *Signé*, Rouelle »).

On peut aſſurer fans crainte d'être contredit, que le corps de S. Germain fut parfaitement embaumé, puifque l'embaumement fe fit aux frais & par les ordres d'un Empereur, qui vouloit témoigner fon refpect & fa vénération pour un grand Saint, & le faire tranfporter à 200 lieues pendant les plus grandes chaleurs de l'Eté. *Les fubſtances balfamiques* ont donc pénétré *jufqu'à* la cavité de la moële. C'est ce qu'on a remarqué aux ossemens trouvés à S. Marien, & qui prouve que ce sont les vrais ossemens de S. Germain d'Auxerre. Il est heureux que la critique de l'Auteur des Lettres, nous ait mis dans la nécessité de consulter un Maître de l'Art. Nous avons par ce moyen rendu plus sensible cette preuve de l'identité des Reliques de S. Germain, qui est le seul d'un si grand nombre de Saints, dont les corps ont été inhumés dans son Eglise, à qui on puisse attribuer ces caracteres d'un embaumement parfait, & si parfait, que six cens ans après, le corps étoit encore sain & entier.

Pour n'être pas obligés d'y revenir, nous ferons observer ici, que l'Auteur des Lettres, qui avoit si bien décrit les effets des baumes sur les ossemens en question, parce qu'il croyoit en tirer contre nous un argument invincible, prétend dans sa VI Lettre, que le caractere d'embaumement de ces mêmes ossemens *est très-équivoque*. « Mal à-propos, ajoute-t-il, me reprocheriez-vous de l'avoir cru très-réel, & d'avoir argumenté en conséquence dans ma IIIe. & IVe. Lettre, je n'ai point vû ces ossemens ; je ne pouvois donc en raisonner que sur ce que vous en disiez vous-mêmes ». C'est aux défenseurs des Reliques qu'il adresse la parole. On cherche dans cette IIIe. Lettre, on y trouve établi le fait de l'odeur & de la couleur des ossemens, comme une preuve certaine qu'ils ont été embaumés : & tout de suite l'Auteur dit ces paroles remarquables : *C'est un fait attesté par les Médecins & Chirurgiens qui les ont visités, & qui ne peut être révoqué en doute.* Il ne raisonnoit donc pas d'après ce que les défenseurs des Reliques ont dit de l'embaumement des ossemens à vérifier ; mais d'après les Médecins & Chirurgiens qui l'ont certifié dans leur rapport. L'Auteur se plaint amerement de ce que ses adversaires l'ont accusé de mauvaise foi ; & effectivement ces sortes de reproches sont bien durs. Mais aussi il faudroit prendre garde à ne pas porter l'inadvertance & la préocupation, jusqu'au point de dire le oüi & le non sur un même fait, sur-tout quand ce fait a été traité & discuté fort au long. Ce qui devoit encore garantir l'Auteur de cette bévue, c'est que tous les argumens qu'il avoit prétendu tirer des effets de l'embaumement, ne pouvoient lui avoir été suggerés que par un Expert en Anatomie. Aussi lui-même les attribue-t-il à son Artiste, ou Chirurgien, qui en examinant les ossemens prétendus de S. Germain, avoit fait une attention particuliere à l'impression que les baumes avoient faite sur ces ossemens.

Le même Artiste, dont les raisonnemens pour prouver que les os en question avoient été embaumés à nud, venoient d'être confondus par la Lettre de M. Rouelle, s'est avisé de dire que ces ossemens que l'on produisoit, comme étant du S. Evêque d'Auxerre ne sont pas les ossemens d'un homme, mais d'une femme. L'imagination frappée de cette chimere, il en fait part à l'Auteur des Lettres critiques, qui la saisit avec avidité, sans être arrêté par une objection qui saute aux yeux des moins attentifs. Il y avoit quinze mois que cet Artiste n'avoit vû les ossemens en question : la Lettre où il en fait la prétendue démonstration, à la vérité n'est point datée; mais la réponse est du 22 Juin 1753, & la derniere visite qu'il en avoit faite est du

5 Février 1752. Comment ce Chirurgien, quelque habile qu'on le suppose, pouvoit-il après un intervalle de tems si considérable, faire de mémoire une démonstration de ces ossemens, & de tous les caracteres qui peuvent faire juger avec certitude qu'ils sont d'un sujet féminin ? Comment pouvoit-il apporter l'exactitude & la précision nécessaire, après avoir perdu de vûe ces ossemens pendant quinze mois ? Pour exposer tous les caracteres distinctifs d'ossemens feminins, il ne lui falloit que des Livres d'Anatomie ; mais pour en faire l'attribution à tel, ou tel sujet, il devoit avoir le sujet sous les yeux.

Cette difficulté si frappante ne se présente point à l'Auteur des Lettres, ou ne lui fait aucune impression. Il prie son Artiste de faire une description, la plus exacte *qui lui sera possible* des ossemens, & de l'envoyer à Paris pour avoir une décision claire & précise ; & il se charge d'en faire part au Public. La description est faite & envoyée à un habile Chirurgien de Paris, qui est en même tems prié de la communiquer aux plus grands Maîtres de l'Art pour avoir leurs avis. Et comme ces Messieurs ont supposé la description, ou démonstration exacte & véritable, ils ont décidé nettement, que les os dont il y est parlé, sont d'un sujet féminin.

Aussi l'Auteur des Lettres ne peut contenir la joie que lui cause cette découverte. « Il » n'est pas nécessaire, dit-il, à celui à qui il » écrit, de vous dire combien je fus surpris, » & en même tems *charmé* d'une nouvelle si » peu attendue ». Et pourquoi donc une joie si déplacée & si peu décente dans une affaire aussi sérieuse & aussi intéressante pour la Ville & pour tout le Diocèse d'Auxerre ? Il est vrai que

V. Lett. pag. 417.

V. Lett. pag. 416.

le Chapitre de l'Eglise Cathédrale est en possession de ces précieux ossemens; mais les Religieux de S. Germain en ont entre leurs mains deux des principaux, sçavoir les deux *tibia*. D'ailleurs l'Auteur des Lettres déclare bien positivement en plus d'un endroit, qu'il n'a aucune vûe d'intérêt dans tout ce qu'il écrit contre les Reliques prétendues de S. Germain, quoiqu'il soit très-persuadé de l'injustice des gens pieux qui les confierent à l'Abbé Martin, au lieu de les remettre aux Moines qui étoient alors dans l'Abbaye de S. Germain; qu'il regarde comme incontestable le droit qu'auroient ceux qui y demeurent actuellement de revendiquer ces Reliques, si elles venoient à être reconnues juridiquement. Quoi qu'il en soit, l'Auteur avant de triompher comme il fait, auroit dû se rappeller cette maxime du Sage: *Le ris sera mêlé de douleur, & la tristesse succede à la joie*. La décision de son Artiste ne formoit pas un jugement en dernier ressort & sans appel. Prov. XIV.

On auroit bien voulu faire examiner ces ossemens à Paris par les mêmes Chirurgiens auxquels celui d'Auxerre avoit adressée sa prétendue démonstration; mais s'agissant de Reliques à vérifier, leur rapport n'auroit pu être juridique, qu'autant qu'ils l'auroient fait en présence d'un Commissaire nommé à cet effet; & pour cela il faut avoir territoire.

M. le Promoteur ayant pris communication de la Ve. Lettre critique, dans laquelle se trouvent la prétendue démonstration des ossemens attribués à S. Germain, & la décision de cinq Chirurgiens de Paris, qui les déclarent être d'un sujet féminin, présenta sa Requête à M. le Commissaire, tendante « à ce qu'il lui fût

» permis de faire assigner pardevant lui les Mé-
» decins & Chirurgiens Experts, qui seroient
» par lui nommés, pour faire en sa présence
» description entiere & exacte de la nature de la
» forme & des proportions desdits ossemens,
» & donner leur avis sur la taille & le sexe du
» sujet, auquel ces ossemens auroient apparte-
» nu, & à ce que soit communiqué auxdits Mé-
» decins & Chirurgiens ledit écrit, ou Ve.
» Lettre critique qu'il a joint à sa Requête ».

M. Le Commissaire ayant rendu son Ordonnance en conformité, le Promoteur fit assigner neuf Médecins, dont six de la Ville d'Auxerre, deux de la Ville de Tonnere, & un de celle de Noyers; & quatre Chirurgiens, à l'effet de se trouver le 17 Août 1753 en la salle de l'Evêché d'Auxerre, pour y examiner lesdits ossemens, & donner leur avis sur la taille & le sexe du sujet, auquel lesdits ossemens avoient appartenus.

Les Médecins & les Chirurgiens assignés se rendirent au jour indiqué dans la salle de l'Evêché, ou se trouverent M. le Lieutenant Général & un Conseiller du Baillage & Siége Présidial d'Auxerre, M. le Maire & M. le Procureur du Roi de la Ville; quatre Députés du Chapitre de l'Eglise Cathédrale porteurs de la boëte où sont renfermés le ossemens à vérifier; & deux Religieux de l'Abbaye de S. Germain de la Ville, aussi Députés de la Communauté, & porteurs de la boëte où sont les deux *tibia* faisant partie desdits ossemens. M. le Promoteur ayant fait son dire, M. le Commissaire fit la reconnoissance des sceaux de M. l'Evêque, du Chapitre & de l'Abbaye, dont lesdites boëtes étoient scellées; & ayant été trouvés dans leur intégrité. il fit l'ouverture des boëtes, & en tira tous les offemens, dont l'énumération fut faite d'après le Procès-verbal de visite des Médecins & Chirurgiens du 10 Décembre 1751 ; lesquels offemens mis sur une table, pour être plus facilement examinés, M. le Commissaire présenta aux Médecins & Chirurgiens, après avoir pris d'eux le serment requis en pareil cas, ensemble la V$_e$. Lettre critique pour être lûe par eux, & des squelettes de sujets masculins & féminins étiquetés & envoyés par M. Ferrein Docteur en Médecine des facultés de Paris & de Montpellier, de l'Académie des Sciences de Paris, & Professeur en Anatomie au Jardin du Roi ; lesquels squelettes M. le Commissaire avoit fait venir pour, par la comparaison qui seroit faite des offemens en question, rendre la démonstration plus facile, plus sûre & plus évidente.

 Ces Experts, après avoir pris toute les dimensions, distances & mesures de chacun des offemens à vérifier, & les proportions desdits offemens entre eux, ont jugé spécialement par les mesures prises du *femur* & du *tibia*, que le sujet pouvoit avoir cinq pieds deux pouces & demi, ou environ.

 Ensuite ils ont comparé les offemens en question avec les os des squelettes féminins, & ont exprimé les différences du tissu grossier, serré, compact & inégale des os dont on informe, d'avec le tissu plus uni, plus mince & plus transparent des os du squelette féminin. Enfin ils ont pris les mesures & dimensions de chacun des os qui servent à caractériser le sexe, sur le sujet dont on informoit, & sur un squelette féminin ; & ont marqué la différence des grandeurs, des distances & des capacités. Et pour ne rien laifser à désirer, ils ont observé, reconnu & vérifié les mêmes proportions essentielles & distinctives dans quatre bassins de squelettes féminins, & les mêmes proportions essentielles & distinctives du sexe que les os dont on informe, dans trois squelettes masculins. Après avoir fait cette description, ou démonstration dans le plus grand détail, tous lesdits Experts se sont retirés dans une chambre particuliere, où ils ont conféré ensemble ; & étant rentrés dans la salle, ils ont tous unanimement déclaré & affirmé, que les os dont on informe, qui leur ont été présentés, & qu'ils ont examinés, sont les os d'un sujet masculin, ce qu'ils ont affirmé véritable en leur ame & conscience, & ont signé, & avec eux les personnes qui avoient été invitées de se trouver à cette opération, & les Députés du Chapitre de l'Eglise Cathédrale & de l'Abbaye de S. Germain.

ARTICLE XX.
CONCLUSION.

NOus aurions bien voulu n'avoir à exposer que les faits concernant les Reliques trouvées dans le cofre de l'Abbaye de S. Marien, & les actes qui constatent ces faits ; mais les difficultés qu'on nous objecte, & qui ont été rendues publiques par l'impression, nous ont forcé à entrer dans des discussions polémiques qui sont devenues inévitables. Mettons à l'écart ces discussions, & réunissons sous un même point de vûe les faits & les preuves qui les appuient.

En étudiant l'histoire du culte de S. Germain Evêque

Evêque d'Auxerre, on voit que son corps, embaumé à Ravennes immédiatement après sa mort, avec la magnificence digne d'un Empereur, fut transporté à Auxerre dans un cerceuil de cyprès. Quatre cents ans après ce transport, l'Empereur Charles le Chauve, qui étoit venu à Auxerre pour implorer l'intercession de ce grand Saint, contemple avec autant de respect que d'admiration ce corps saint entier & exempt de toute corruption. Il le fait embaumer de nouveau, ou au moins il fait répandre sur lui une grande quantité de baume & de parfum les plus précieux, & ceux qui touchent le corps du Saint pour le mettre d'un tombeau dans un autre, observent qu'il étoit d'une moyenne taille. Ce corps saint est peu de tems après exposé dans une Châsse ornée d'or & de pierreries.

Au milieu du onziéme siécle on voit encore le corps de S. Germain dans son intégrité, à l'exception du doigt du milieu de la main droite enlevé furtivement par un Religieux. Les fréquentes ouvertures de la Châsse occasionnent le desséchement des chairs qui se réduisent en poussiere ; mais les grandes précautions prises pour que personne ne puisse approcher de la Châsse sans le concert de plusieurs, font juger qu'il y a eu très-peu de distraction des saints ossemens, excepté ceux de la tête qu'on croit avoir été accordés au Pape Urbain V.

Les Protestans s'emparent en 1567 de la Ville d'Auxerre, & ravagent toutes les Eglises, spécialement celles de S. Germain. Les Châsses sont pillées, les Reliques jettées par terre & foulées aux pieds ; mais elles sont par-tout receuillies par des Catholiques pieux & zélés, rapportées & remises en différens tems dans des Châsses, où elles sont exposées à la vénération des Fidéles, qui se réjouissent à la vûe de ces saintes Reliques recouvrées ; mais qui gémissent de n'y point retrouver celles de leur grand & puissant protecteur. Ils sont cependant persuadés que les Reliques de S. Germain, comme celles de S. Aunaire & autres Saints, ont été jettées sur le pavé de l'Eglise par les Huguenots & ramassées. Cette persuasion se transmet des peres aux enfans, & forme la chaîne de la tradition, qui est constatée en 1663 par Dom Clairé Prieur de S. Germain.

Les précieuses Reliques de S. Germain ont-elles été confondues avec celles qui furent renfermées dans le creux d'un pilier des Grotes de son Eglise ? Il paroît qu'à Auxerre on étoit bien convaincu du contraire, puisqu'en 1610 & depuis, on les cherchoit avec la Châsse dans la maison d'un Protestant, où les discours d'une femme avoient fait croire qu'elles pouvoient avoir été enfouies ; puisque Dom Viole, qui étoit plein de vénération pour ce grand Saint, & qui avoit fait tant de recherches à son sujet, s'étoit persuadé que ses Reliques avoient été brûlées, & qu'il donne ce fait comme certain dans sa Requête de 1634, & dans un ouvrage imprimé en 1656, quoique désavoué par la tradition constante du Pays & par la déposition des témoins mêmes qu'il avoit fait entendre ; puisque les Religieux de l'Abbaye de S. Germain, qui avoient mis dans des Châsses les saints ossemens trouvés dans le pilier, engagerent en 1670 M. De Broc Evêque d'Auxerre, à demander pour leur Eglise une portion de la Relique honorée à Cezens Diocèse de S. Flour, sous le nom de S. Germain.

Que sont devenues les Reliques du grand Saint Germain ? C'est ce qu'on se demandoit encore à Auxerre, lorsque M. Lebeuf apprend par un ancien Religieux Prémontré de l'Abbaye de Saint Marien, (lequel avoit vécu avec des Religieux qui avoient vû l'Abbé Martin) qu'il y a dans la Bibliotéque de cette Abbaye un cofre où sont renfermées des Reliques, qui avoient toujours été regardées comme précieuses par les Religieux de ladite Abbaye, & que lui-même regardoit comme telles, ensorte qu'il se mettoit souvent à genoux devant ce cofre, ou à la porte de la Bibliotéque, pour faire sa priere. M. Lebeuf se fait ouvrir ce cofre en l'année 1717, & il y trouve un sac d'une toile assez fine, sur lequel est cousu un billet portant ces mots : « Ces ossemens » m'ont été mis en main par gens pieux, me » disant être des Reliques de la Châsse de S. » Germain ; & que ils les avoient amassés sur le » pavé de l'Eglise de S. Germain, à l'heure que » les Huguenots ruinerent les Châsses d'icelle » Eglise en l'an mil cinq cent soixante & sept.

Les ossemens trouvés dans ce sac sont d'abord présentés à un Chirurgien, & ensuite à deux Médecins & à deux Chirurgiens assemblés, qui après les avoir bien examinés, & aparié ensemble ceux qui pouvoient l'être, déclarent qu'ils sont tous d'un même corps : ils jugent par l'odeur & la couleur de ces ossemens qu'ils ont été embaumés, & qu'ils n'ont jamais été exposés à la pluie, ni aux injures de l'air & de la terre. Ces ossemens composent la presque totalité d'un corps humain, & ils dénotent un corps de moyenne taille.

De qui est le billet trouvé sur le sac qui contient ces offemens ? Il a été reconnu par quatre Experts pour les vérifications d'écriture fur plus de cent piéces de comparaifon, que ce billet eft écrit de la main de M. Martin Abbé de S. Marien & curé de Notre-Dame la D'hors, refpecté dans Auxerre pour fa fcience & fa vertu. Qui font ceux qui lui ont confié ces offemens ? Il ne font connus que par la qualité de gens pieux qui leur eft donnée par le vénérable Abbé ; qualité qui met leur témoignage à l'abri de tout foupçon.

Tous les faits ci-deffus rapportés, font conftatés par des monumens & des actes autentiques, par des dépofitions & des procès-verbaux juridiques. Que faut-il en conclure ? Ces offemens font-ils véritablement de S. Germain ?

On fent toute l'importance de la queftion propofée. Il s'agit de rendre aux habitans d'une Ville affligée l'un des principaux objets de la vénération & de la confiance de leurs peres ; de ne pas laiffer les précieufes dépouilles d'un grand Saint dans l'oubli & l'obfcurité, & de remettre fes Saintes Reliques en poffeffion du culte dont elles ont joui pendant tant de fiécles ; mais il faut auffi que les Fidéles foient affurés que ce font véritablement les mêmes Reliques dont ils pleuroient la perte ; que leur confiance à cet égard ne foit ni vacillante par des doutes, ni embarraffée par des difficultés. Il faut en un mot que felon la regle fi fage & fi invariable

ss. xxv. du faint Concile de Trente, *la vérité foit connue & que la piété foit édifiée.*

Pour vérifier des Reliques & les autentiquer, les Théologiens & les Canoniftes demandent une certitude & une évidence morale. C'eft la feule dont un objet de cette nature foit fufceptible. Si on vouloit des autorités pour établir cette maxime, celle du grand Pape qui gouverne à préfent l'Eglife, ne peut laiffer de doute à ce fujet. Voici fes paroles : « On tient pour « certain que l'évidence morale fuffit, foit que » la procédure s'inftruife devant l'Ordinaire des » lieux, ou devant la facrée Congrégation (*a*) ». Le S. Pere appuie ce principe fur l'exemple de S. Ambroife, de S. Martin de Tours, de S. Grégoire le grand, qui fur la foi & la dépofition des anciens du Clergé, ou du Peuple, expofoient à la vénération des Fidéles les Reliques des Saints, découvertes & trouvées dans les lieux où ils avoient été inhumés.

De Beatific. & Canonifat. fanct. Tom. 1. l. 5. part. 2. n. 9.

Cette certitude, cette évidence ne peut s'acquérir que par le témoignage des hommes ; & dans une affaire auffi importante, il faut que ce témoignage ne puiffe être rendu fufpect par aucun reproche legitime & fondé. Il faut encore que tous les faits établis fur ce témoignage foient liés enfemble, enforte qu'il n'y ait point de vuide qui oblige à fuppofer un fait qu'on ne pourroit prouver. Enfin il faut que ces faits, non-feulement ne fe contredifent point, mais que fe prêtant un mutuel fecours, ils forment une certitude capable de fatisfaire les perfonnes équitables & judicieufes. C'eft fur ces principes univerfellement reconnus, qu'il s'agit d'examiner les faits concernant la découverte des Reliques prétendues de S. Germain.

Des témoins dépofent qu'eux-mêmes ont ramaffé les Reliques de Saint Germain, à l'heure

---

(*a*) Dictum eft quoque non evidentiam metaphyficam, aut phyficam requiri ; fed moralem fufficere, five quæftio fit coram Ordinario ; five coram facrâ Congregatione. *Benedictus XIV.*

que les Huguenots les tirerent de la Châsse où elles étoient, & les jetterent sur le pavé. Leur déposition ou déclaration, est consignée dans un billet écrit de la main d'un homme constitué en dignité, & d'une vertu reconnue. Ces témoins ne sont pas nommés ; aussi leur nom n'est pas nécessaire. Ce qu'il est nécessaire de sçavoir, c'est s'ils n'en ont pas imposé ; mais n'est-on pas suffisamment & pleinement rassuré à ce sujet par la qualité de gens pieux que leur donne un homme qui les connoît & dont l'autorité est respectable ? Cette dénomination ne peut être, dans la circonstance où elle est donnée, regardée comme une épitethe vague. Un homme, à moins qu'il n'eût ni piété, ni religion, ne donnera pas la qualité de pieux à des gens sur lesquels il auroit quelque défiance, ou le plus leger soupçon de mensonge & de fraude, en matiere aussi grave & aussi importante.

Ces témoins sont demeurés inconnus aussi-bien que tous ceux qui receuillirent dans le tems même du pillage les autres Reliques des Eglises d'Auxerre, à présent exposées dans des Châsses. Sur quel fondement pourroit-on attaquer leur sincerité ? Il n'y a ni raison ni vraisemblance à des soupçons, qui tendroient à faire accuser ces témoins d'une fourberie aussi détestable & aussi sacrilége, dont ils ne pouvoient esperer ni utilité ni avantage.

L'Abbé Martin se fait entendre encore actuellement par son billet, qu'il a pris soin de coudre sur le sac, dans lequel les ossemens sont renfermés; & en nous disant que ces gens pieux lui ont dit avoir ramassé les Reliques de Saint Germain à l'heure que les Huguenots pillerent la Châsse de ce Saint : il tient le même langage que ceux qui soixante & dix ans après ce pillage, déclarerent à M. Seguier, que les ossemens qu'il mit dans les Châsses, avoient été ramassés sur le pavé de la Cathédrale par des fidéles pleins de zéle & de religion. Ce même billet n'est que l'expression exacte de ce que Dom Clairé avoit appris de différentes personnes séculieres & régulieres, que lorsque les Huguenots pillerent les Châsses des Saints *Germain*, Aunaire & autres, les saints ossemens furent ramassés par diverses personnes dévotes, & mis dans le creux d'un pilier. Ce fut sur le témoignage de cette tradition, que les Reliques renfermées dans le pilier, furent exposées à la vénération des Fidéles, quoiqu'on n'ait trouvé dans ce pilier ni billet, ni indication de l'origine de ces saintes Reliques.

Les ossemens auxquels les gens pieux ont rendu témoignage, en disant qu'ils étoient de S. Germain, déposent à leur tour en faveur de ces témoins, & deviennent une preuve sensible que ces gens pieux n'ont ni voulu, ni pu tromper? Ces ossemens sont tous d'un même corps, dont ils forment la partie la plus considérable. Ils ont été embaumés : ils dénotent un corps de moyenne taille, qui n'a jamais été mis en terre. C'est précisément ce que l'histoire nous apprend du corps de S. Germain, dont on n'a permis que de legéres distractions.

Cet enchaînement de faits qui s'entr'aident & se fortifient mutuellement, & de témoignages qui les appuient, ne forme-t-il pas ce qu'on appelle évidence morale ; & n'en résulte-t-il pas cette preuve complette, *plena probatio*, qui selon le célébre Fagnan, dont nous avons rapporté ailleurs la décision, suffit pour prononcer sans hésitation & sans crainte ?

Qu'oppose-t-on à ces preuves, qui paroissent si frappantes ? On l'a vu dans ce Mémoire. La simplicité du sac & du cofre dans lequel les ossemens ont été tenus enfermés ; le secret si long-tems gardé sur ce précieux dépôt. On n'objecte ni actes, ni monumens, ni tradition. Le silence des déposans & du dépositaire, est donc la seule objection qu'on puisse faire valoir contre le dépôt. Mais les motifs inconnus d'un secret gardé peuvent-ils être mis en balance avec des faits & des témoignages qui en assurent la certitude ? Ces motifs du silence qu'on oppose ne sont que de pures conjectures ; il suffit de les avoir justifiés par d'autres conjecture, qui ont toute la vraisemblance qu'on peut désirer. Si on veut croire ces témoins coupables, ce ne peut être que pour avoir gardé trop long-tems dans le secret les précieuses Reliques de S. Germain ; & dès-lors leur faute devient une preuve de la vérité de leur déclaration.

Une objection solide seroit la représentation d'un ossement trouvé dans une Eglise, & muni d'autentiques qui prouveroient qu'il est de S. Germain Evêque d'Auxerre, lequel ossement seroit double avec l'un de ceux qui ont été nouvellement découverts. Mais on est entierement assuré contre cette difficulté par les recherches & les perquisitions qui ont été faites pendant le cours de trente années. Il est impossible de porter plus loin les précautions, comme on l'a prouvé dans ce Mémoire. On auroit bien voulu trouver dans quelque Eglise un ossement assez considérable, & revêtu d'assez bonnes preuves, pour pouvoir l'aparier avec ceux qui ont été trouvés à Saint Marien. On est persuadé qu'un pareil ossement auroit été un nouveau témoignage en faveur de ceux qui font à vérifier. Mais feroit-il jufte & raifonnable d'exiger, pour affurer aux Reliques de ce dépôt un état certain, qu'elles foient comparées, & pour ainfi dire, compromifes avec d'autres, qui peuvent bien être d'un Saint Germain, mais qu'il eft très-douteux, pour ne rien dire de plus, fi elles font du Saint Evêque d'Auxerre ; *la plûpart de ces Reliques n'étant connues,* comme nous venons de l'entendre dire aux Bollandiftes, *que fous le nom de S. Germain, ou de S. Germain Evêque.*

On attaque la preuve tirée des embaumemens, dont les offemens trouvés à S. Marien, confervent encore toute l'impreffion par l'odeur & la couleur. On nous demande fi nous fommes affurés qu'aucun des corps Saints expofés dans des Châffes lors du pillage de l'Eglife de S. Germain, n'avoit été embaumé. Celui de S. Aunaire, dit-on, pourroit l'avoir été ? C'eft une poffibilité qu'on nous oppofe contre un fait prouvé par l'Hiftoire. Celle de Saint Aunaire ne dit pas qu'il ait été embaumé, & nous fçavons que le corps de S. Germain l'a été. Cette circonftance jointe aux autres caractères de vérité, rend la preuve plus complette ; mais ce n'eft pas fur cela feul qu'elle eft fondée.

Ceux qui nous font cette derniere objection, conviennent donc que les offemens qu'il s'agit de vérifier, ont été tirés de quelques-unes des Châffes de l'Eglife de S. Germain : que ce font par conféquent de véritables Reliques. Eh ! pourquoi dans cette hypothèfe accufent-ils fans aucun fondement, les témoins qui préfenterent ces Reliques à l'Abbé Martin, d'avoir dit faux en les donnant comme étant de S. Germain ?

Qu'on le remarque bien : l'Auteur des six Lettres qui paroît si irréconciliablement déclaré contre l'identité des offemens trouvés à S. Marien avec les Reliques du Saint Evêque d'Auxerre, semble s'être plutôt proposé de chercher des difficultés en grand nombre, que d'en établir la solidité. Il nous oppose différentes opinions, dont une seule, si elle étoit prouvée, suffiroit pour éloigner toute idée de vérification. Mais comme il sent très-bien le foible de ces opinions, il a grand soin d'avertir son lecteur, qu'il n'a point prétendu en être le défenseur, qu'il ne les adopte point, qu'il ne veut pas s'en rendre garant : il les laisse toutes dans le même dégré d'incertitude ; son objet principal a été de manifester toutes les objections qui peuvent se faire, ou s'imaginer, en quoi il a rendu service, puisque par ce moyen chacun sçaura à quoi s'en tenir, & qu'il n'y aura point de soupçon pour des difficultés inconnues, ou dissimulées. Ce même Auteur revenu de sa premiere vivacité, ne montre que de l'embarras à se décider sur l'état des offemens trouvés à S. Marien. Il seroit assez porté à croire qu'ils viennent de quelqu'une des Châsses pillées par les Huguenots : il n'a repugnance qu'à ce qu'ils soient déclarés être de S. Germain : il se défend même comme d'un crime de s'être engagé à prouver, *qu'on ne doit avoir aucune foi aux prétendues Reliques de S. Germain.* Ses Confreres de l'Abbaye de Saint Germain d'Auxerre ont paru très-convaincus, qu'il ne l'avoit ni prouvé, ni voulu prouver, puisque les députés par eux envoyés pour, au nom de la Communauté, assister à la visite des offemens à vérifier, & pour représenter les deux *Tibia* dont ils sont

Lettre IV.
pag. 364.
Lett. VI. p.
434.

IV. Lett. p.
364.

possesseurs, ont signé au Procès-Verbal « avec
» protestation que le présent Acte ne pourra
» leur nuire, ni préjudicier à leur prétention
» de révendiquer tous lesdits ossemens, au cas
» qu'ils fussent vérifiés être les ossemens de S.
» Germain, comme ayant été tirés de leur
» Eglise ». Protestation qu'ils ont renouvellée
chaque fois qu'ils ont paru. Les Députés de
l'Eglise Cathédrale ont protesté de leur côté,
& se sont opposés à la prétention des Religieux de ladite Abbaye.

Enfin pour derniere ressource, on se réduit
à dire qu'il y a près de deux cents ans que ces
ossemens sont demeurés cachés & inconnus. Est-ce une raison de les priver de l'honneur & du
culte dont ils étoient en possession ? Ce qu'il
est important d'observer, c'est que pendant tout
ce tems ils n'ont point éprouvé en passant en
différentes mains dont on ne pourroit reconnoître la trace, ou par des transports en différens
lieux éloignés, des vicissitudes & des changemens capables de faire naître des doutes. L'intervalle du tems ne change rien à la nature du
dépôt ; & dans cette longue suite d'années on
voit dans la même Ville, & sans être obligé
d'en sortir, la main des gens pieux qui ont
recueilli les Reliques de S. Germain jettées de
sa Châsse sur le pavé ; celle de l'Abbé de Saint
Marien, qui nous transmet par écrit leur déclaration avec les saints ossemens qu'il renferme dans un cofre fort, & celles de MM. Lebeuf & Parent, qui les ont tirées de ce cofre,
& les ont représentées au Commissaire nommé
par M. l'Evêque. On voit ce même caractere
de simplicité & de vérité dans les témoignages
rendus par les déposans, par le dépositaire &

par le dépôt lui-même. En faut-il davantage pour faire cette évidence morale demandée dans le cas dont il s'agit ? Quelle est la sainte Relique, quelque honorée qu'elle soit, & qui a été sujette à quelques mouvemens, dont on puisse établir la certitude par des preuves plus simples, plus claires & plus frappantes ?

Ibid.

Aussi le même Benoît XIV, dont les lumieres supérieures sur cette matiere en particulier, montreront toujours la voie sûre qu'il faut suivre pour ne pas s'égarer, nous apprend que « si » l'évidence morale ne suffisoit pas pour prou- » ver l'identité des Reliques, il faudroit que » deux témoins au-dessus du plus leger soupçon, » déposassent qu'ils ont vu qu'un tel ossement, » par exemple, a été tiré du corps d'un tel » Bienheureux, ou d'un tel Saint qu'ils con- » noissoient bien ; qu'il a été mis en tel endroit, » d'où ils sçavent qu'il n'a jamais été ôté ; & » même qu'il n'a pu en être retiré pendant un » seul instant. Ce genre de preuve est visible- » ment impossible ; & vouloir l'admettre com- » me nécessaire, ce seroit détruire l'identité de » toutes les Reliques (a) ».

C'est ainsi que M. André Colbert Evêque d'Auxerre, exposa à la vénération des Fidéles, dans l'Eglise Paroissiale de Thury, les Reliques de saint Caradeu Abbé en Angleterre, sur le vu d'un Acte du 2 Mars 1612, par lequel « Fre-

---

(*a*) Si non sufficeret evidentia moralis ad habendam probationem identitatis Reliquiarun, opus esset ut duo testes, omni exceptione majores, deponerent se vidisse tale os fuisse v. g. desumptum ex corpore talis Beati, vel Sancti, à se bene cogniti ; idque fuisse repositum in tali loco, à quo sciant nunquam fuisse remotum, nec potuisse ullo temporis momento removeri ; quæ probatio utique est impossibilis, atque adeo quatenus tanquam necessaria admitteretur, sacrarum Reliquarum identitatem destrueret. *Benedictus XIV*.

» re Jean-Hazard Chanoine Régulier de Saint
» Martin de Nevers, Prieur Curé de Thury, *Proc. verb.*
» attefte avoir mis dans une Châffe les offemens *du 22 Aoust*
» & Reliques de S. Caradeu, que le Sieur Mo- *1688.*
» rin fon Vicaire & les Habitans lui ont affirmé
» être de S. Caradeu, dont la Châffe avoit été
» rompue par les Réiftres, & les offemens amaf-
» fés par les habitans de la Paroiffe, étant lef-
» dites Reliques dans un *fandalium* rouge, en-
» veloppées dans un linge & non propha-
» nées ».

On a lieu de préfumer que ceux qui liront ce Mémoire avec quelque attention, reconnoîtront fans peine que les offemens nouvellement découverts à l'Abbaye de Saint Marien, joints au billet du vénérable Abbé Martin, portent avec eux tous les fignes, les enfeignemens & les preuves que les Canoniftes demandent pour établir ce qu'ils appellent l'identité des Reliques anciennement honorées, & leur faire rendre le culte dont elles étoient en poffeffion. On ofe même dire que c'eft fur de femblables indices que les plus grands Saints ont expofé des Reliques à la vénération des Fidéles.

Entendons S. Ambroife rapporter lui-même l'heureufe découverte des Reliques des Saints Martyrs Gervais & Protais. « Nous avons, dit
» ce grand Saint (*a*), recouvré la connoiffance *Epift. 22.*
» de nos Saints Martyrs qui avoit été perdue : *ad Dom. Sor.*
                                                  § II. 12.

(*a*) Sanctorum Martyrum cognitionem quam illi amiferant, nos adepti fumus. Eruuntur nobiles Reliquiæ è fepulcro ignobili; oftenduntur cœlo trophæa, fanguine tumulus madet; apparent cruoris triumphalis notæ. Inviolatæ Reliquiæ loco fuo & ordine repertæ, avulfum humeris caput. Nunc fenes repetunt audiffe aliquando horum Martyrum nomina titulumque legiffe. *Amb.*

» on retire d'un tombeau méprisable d'illustres
» & précieuses Reliques : les marques de leur
» triomphe sont produites au grand jour. On
» voit dans ce tombeau les traces du sang victo-
» rieux qui a été répandu. Leurs ossemens se
» trouvent dans leur intégrité & rangés chacun
» à leur place ; la tête seulement est séparée
» des épaules. Des vieillards se rappellent qu'au-
» trefois ils ont entendu prononcer les noms
» de ces Martyrs, & qu'ils ont lu une inscrip-
» tion à leur tombeau ».

Le témoignage de quelques vieillards qui ont vu une inscription ; les indices du Martyre par les marques du sang répandu, & par la séparation de la tête du reste du corps, c'en est assez à ce grand Evêque si éclairé, si sage, si judicieux, pour ne pas douter de l'autenticité de ces Reliques, pour se féliciter d'en avoir fait la découverte comme d'une faveur du Ciel toute particuliere, pour en rendre à Dieu de solemnelles actions de graces, pour présenter ces Reliques aux Fidéles comme un gage de la protection de Dieu.

Qu'il nous soit permis de faire l'application des circonstances de cette découverte à celles des Reliques trouvées dans le cofre de S. Marien, qui étoit le *sepulcrum ignobile*. Les anciens, les vieillards de la Ville d'Auxerre, séculiers & réguliers, attestent encore dans l'acte de Dom Clairé, que les Reliques de S. Germain, jettées sur le pavé, ont été recueillies par des fidéles. Ces fidéles eux-mêmes s'expliquent par le billet de l'Abbé Martin, & nous disent qu'ils les ont confiées à ce vénérable Abbé. Le billet tient lieu d'inscription : on ne voit pas ici les traces du sang, qui annoncent la victoire d'un Martyr ; mais l'empreinte de l'embaumement subsistante depuis tant de siécles, nous certifie l'hommage rendu par un Empereur à l'éminente vertu du plus saint Evêque qui fut alors. Les proportions des ossemens conservés, nous disent comme l'Histoire, qu'il étoit d'une moyenne taille. Comment pourroit-on se rendre sourd à des voix si claires, si distinctes, si touchantes ?

La piété des fidéles est édifiée des recherches & des démarches qui ont été faites pour parvenir à la vérification de ces Reliques : ils attendent avec empressement & une sainte impatience, que la vérité soit manifestée, afin de pouvoir se féliciter & se réjouir dans le Seigneur, d'avoir enfin recouvré le riche & précieux Trésor, qu'ils croyoient avoir perdu, en disant avec S. Augustin (*a*) : « Il est bien *Serm. 275. in* » vrai que la mort des Saints est précieuse aux *Fest. S. Vinc.* » yeux de Dieu, puisque l'ame invisible étant *Mart. t2. n. 3.* » sortie de sa maison visible, le Seigneur lui-» même prend soin de conserver ce corps, où » habitoit son Serviteur, afin qu'il soit honoré » par les Fdéles ses conserviteurs ; & que toute » la gloire en soit rendue à Dieu ».

(*a*) Verè pretiosa in conspectu Domini mors Sanctorum ejus, qando invisibili animâ de domo visibili discedente, habitaculum servi curâ Domini custoditur, & in gloriam Domini à conservis fidélibus honoratur. *Aug.*

FIN.

TABLE DES ARTICLES

Contenus dans ce Mémoire.

ART. I. LE corps de S. Germain a été conservé sain & entier depuis sa mort, en l'année 448, jusqu'en 1050. Pag. 4

II. Distractions faites de quelques portions du corps de S. Germain. 8

III. L'Eglise de Saint Germain pillée par les Huguenots, les saintes Reliques tirées des Châsses, prophanées & jettées sur le pavé de l'Eglise. 11

IV. 1e. Opinion de Dom Viole & de Dom Fournier, Bénédictins. Les Reliques de S. Germain brûlées par les Hérétiques. 13

V. 2e. Opinion. Transport de la Châsse & des Reliques de S. Germain à la Maison-blanche. 27

VI. 3e. Opinion. Les Reliques de S. Germain, comme celle des autres Saints, furent jettées sur le pavé de l'Eglise par les Huguenots. Mais ou elles ont été dispersées & perdues, ou elles ont été confondues avec les Reliques des autres Châsses, ramassées dans la même Eglise & renfermées dans un pilier des Grotes. 33

VII. 4e. Opinion. Les Reliques de S. Germain

main jettées par les Hérétiques fur le pavé de l'Eglife, ont été ramaffées par des perfonnes dévotes, & religieufement confervées. 41

VIII. Découverte des Reliques prétendues de S. Germain en 1717. 43

IX. Procédure concernant la découverte des Reliques de S. Germain. 46

X. 1$_e$. Propofition. Lors du pillage de l'Eglife de S. Germain par les Huguenots, les Reliques de ce Saint, comme celles des autres, furent tirées de leur Châffe, jettées fur le pavé, recueillies par les fidéles & confervées féparément. 53

XI. 2$_e$. Propofition. Le billet d'Edme Martin Abbé de S. Marien, porte tous les caractères d'un témoignage qui mérite qu'on ajoute foi aux faits qu'il énonce. 54

XII. 3$_e$. Propofition. La déclaration de ceux que l'Abbé Martin qualifie de gens pieux, ne peut être fufpecte; & leur témoignage, appuyé de celui de l'Abbé Martin, doit être reçu. 62

XIII. 4$_e$. Propofition. Les offemens confiés à l'Abbé Martin ont été fidélement confervés dans l'Abbaye de Saint Marien. 67

XIV. 5$_e$. Propofition. Les offemens confiés à l'Abbé Martin, & confervés dans le cofre de Saint Marien, paroiffent avoir toutes les qualités des offemens de Saint Germain. 69

XV. 6$_e$. Propofition. Les offemens qui font honorés en différentes Eglifes fous le nom de S. Germain, ou ne font pas

L

du saint Evêque d'Auxerre, ou ne sont pas les mêmes qui ont été trouvés dans le dépôt de S. Marien ; ou ne sont que des parcelles, qui ne pourroient être apariées aux ossemens dont on a fait la découverte. 75

XVI. Les précautions ordonnées par les Conciles & demandées par les Canonistes, pour la vérification des saintes Reliques, ont été exactement observées par rapport à celles que l'on croit être de Saint Germain Evêque d'Auxerre. 96

XVII. Réponses aux objections des Bollandistes. 104

XVIII. Réponse aux Lettres critiques. 113

XIX. Eclaircissement des difficultés du même Auteur contre le caractère de l'embaumement, & la qualité des ossemens trouvés à Saint Marien. 134

Conclusion. 144

FIN.

APPROBATION.

J'Ai lû par ordre de Monseigneur le Chancelier un Manuscrit intitulé : *Mémoire pour la Vérification des Reliques prétendues de S. Germain Evêque d'Auxerre*, &c. J'ai cru que cet Ouvrage méritoit de voir le jour. A Paris ce 3 Mai 1754.

DE LA DAINTE.

PRIVILEGE DU ROI.

LOUIS PAR LA GRACE DE DIEU, ROI DE FRANCE ET DE NAVARRE : A nos amés & féaux Conseillers, les Gens tenans nos Cours de Parlement, Maîtres des Requêtes ordinaires de notre Hôtel, Grand-Conseil, Prevôt de Paris, Baillifs, Sénéchaux, leurs Lieutenans Civils, & autres nos Justiciers qu'il appartiendra, SALUT : Notre bien-amé le Sieur BUTARD, Libraire à Paris, Nous à fait exposer qu'il désireroit faire imprimer & donner au Public un Ouvrage qui a pour titre : *Mémoire sur la Vérification des Reliques prétendues de S. Germain*, s'il Nous plaisoit lui accorder nos Lettres de Permission pour ce nécessaires. A CES CAUSES, voulant favorablement traiter l'Exposant, nous lui avons permis & permettons par ces Présentes, de faire imprimer ledit Ouvrage autant de fois que bon lui semblera, & de le vendre & debiter par tout notre Royaume, pendant le tems de trois années consécutives, à compter du jour de la date des présentes : Faisons défenses à tous Imprimeurs, Libraires & autres personnes, de quelque qualité & condition qu'elles soient, d'en introduire d'impression étrangere dans aucun lieu de notre obéissance ; à la charge que ces Présentes seront enregistrées tout au long sur le Registre de la Communauté des Imprimeurs & Libraires de Paris, dans trois mois de la date d'icelles ; que l'impression dudit Ouvrage sera faite dans notre Royaume & non ailleurs, en bon papier & beaux caractères, conformément à la feuille imprimée attachée pour model sous le contre-scel des Présentes; que l'Impétrant se conformera en tout aux Réglemens de la Librairie, & notamment à celui du 10 Avril 1715 ; qu'avant de l'exposer en vente, le Manuscrit qui aura servi de copie à l'impression dudit Ouvrage sera remis dans le même état où l'Approbation aura été donnée, ès mains de notre très-cher & féal Chevalier, Chancelier de France, le sieur DELAMOIGNON, & qu'il en sera ensuite remis deux exemplaires dans notre Bibliotheque publique, un dans celle de notre Château du Louvre, un dans celle de notredit très-cher & féal Chevalier Chancelier de France le Sieur DELAMOIGNON, & un dans celle de notre très-cher & féal Chevalier Garde des-Sceaux de France le Sieur DE MACHAULT, Commandeur de nos Ordres ; le tout à peine de nullité des Présentes ; du contenu desquelles vous mandons & enjoignons de faire jouir ledit Exposant & ses ayans causes pleinement & paisiblement, sans souffrir qu'il leur soit fait aucun trouble ou empêchement : Voulons que la copie des Présentes qui sera imprimée tout au long au commencement ou à la fin dudit Ouvrage, foi soit ajoutée comme à l'Original. Commandons au premier notre Huissier ou Sergent sur ce requis, de faire pour l'exécution d'icelles tous actes requis & nécessaires, sans demander autre permission, & nonobstant clameur de Haro, Charte Normande, & Lettres à ce contraires. CAR tel est notre plaisir. DONNÉ à Versailles le douziéme jour de Juin, l'an de grace mil sept cent cinquante-quatre, & de notre Regne le trente-neuviéme. Par le Roi en son Conseil.

PERRIN,

Regiſtré ſur le Regiſtre XIII de la Chambre Royale des Libraires & Imprimeurs de Paris, N. 364. fol. 289. conformément aux anciens Réglement confirmé par celui du 28 Fevrier de 1723. A Paris, le 18 Juin 1754.

Signé, DIDOT, Syndic.

www.ingramcontent.com/pod-product-compliance
Lightning Source LLC
Chambersburg PA
JSW060527090426
LCB00011B/2401